中国出版"走出去"重点图书出版计划立项
北大主干基础课教材立项
北大版商务汉语教材·新丝路商务汉语系列

GH00566462

新 丝 路

New Silk Road Business Chinese

中级商务汉语综合教程（商务篇）Ⅱ

李晓琪　主编

蔡云凌　编著

北京大学出版社

PEKING UNIVERSITY PRESS

图书在版编目(CIP)数据

新丝路：中级商务汉语综合教程. 商务篇. Ⅱ / 蔡云凌编著. —北京：北京大学出版社，2012. 8

（北大版商务汉语教材·新丝路商务汉语系列）

ISBN 978-7-301-20345-3

Ⅰ. 新… Ⅱ. 蔡… Ⅲ. 商务－汉语－对外汉语教学－教材 Ⅳ. H195. 4

中国版本图书馆CIP数据核字（2012）第032248号

书　　　　　名：**新丝路——中级商务汉语综合教程（商务篇）Ⅱ**
著作责任者：李晓琪 主编　蔡云凌 编著
责 任 编 辑：宋立文（slwwls@126.com）
标 准 书 号：ISBN 978-7-301-20345-3/H·3018
出 版 发 行：北京大学出版社
地　　　　　址：北京市海淀区成府路205号　100871
网　　　　　址：http://www.pup.cn
电 子 信 箱：zpup@pup.pku.edu.cn
电　　　　　话：邮购部 62752015　　　　发行部 62750672
　　　　　　　出版部 62754962　　　　编辑部 62752028
印 刷 者：北京大学印刷厂
经 销 者：新华书店
　　　　　　　889 毫米×1194 毫米　16 开本　8. 5 印张　143 千字
　　　　　　　2012 年 8 月第 1 版　　2012 年 8 月第 1 次印刷
印　　　　　数：0001－3000 册
定　　　　　价：30. 00 元 (附MP3盘 1张)

新丝路商务汉语系列教材总序

近年来，随着中国经济的持续快速发展，中国与其他国家贸易交流往来日益密切频繁，中国在国际社会的政治经济和文化影响力日益显著，与此同时，汉语正逐步成为重要的世界性语言。

与此相应，来华学习汉语和从事商贸工作的外国人成倍增加，他们对商务汉语的学习需求非常迫切。近年来，国内已经出版了一批有关商务汉语的各类教材，为缓解这种需求起到了很好的作用。但是由于商务汉语教学在教学理念及教学方法上都还处于起步、探索阶段，与之相应的商务汉语教材也在许多方面存在着进一步探索和提高的空间。北京大学对外汉语教育学院自2002年起受中国国家汉语国际推广领导小组办公室的委托，承担中国商务汉语考试（BCT）的研发，对商务汉语的特点及教学从多方面进行了系统研究，包括商务汉语交际功能、商务汉语交际任务、商务汉语语言知识以及商务汉语词汇等，对商务汉语既有宏观理论上的认识，也有微观细致的研究；同时学院拥有一批多年担任商务汉语课程和编写对外汉语教材的优秀教师。为满足社会商务汉语学习的需求，在认真研讨和充分准备之后，编写组经过3年的努力，编写了一套系列商务汉语教材——新丝路商务汉语教程。

本套教程共22册，分三个系列。

系列一，综合系列商务汉语教程，8册。本系列根据任务型教学理论进行设计，按照商务汉语功能项目编排，循序渐进，以满足不同汉语水平的人商务汉语学习的需求。其中包括：

初级2册，以商务活动中简单的生活类任务为主要内容，重在提高学习者从事与商务有关的社会活动能力。

中级4册，包括生活类和商务类两方面的任务，各两册。教材内容基本覆盖与商务汉语活动有关的生活、社交类任务和商务活动中的常用业务类任务。

高级2册，选取真实的商务语料进行编写，着意进行听说读写的集中教学，使学习者通过学习可以比较自由、从容地从事商务工作。

系列二，技能系列商务汉语教程，8册，分2组。其中包括：

第1组：4册，按照不同技能编写为听力、口语、阅读、写作4册教材。各册注意突出不同技能的特殊要求，侧重培养学习者某一方面的技能，同时也注意不同技能的相互配合。为达此目的，技能系列商务汉语教材既有分技能的细致讲解，又按照商务汉语需求提供大量有针对性的实用性练习，同时也为准备参加商务汉语考试（BCT）的人提供高质量的应试培训材料。

第2组：4册，商务汉语技能练习册。其中综合练习册（BCT模拟试题集）2册，专项练习册2册（一本听力技能训练册、一本阅读技能训练册）。

系列三，速成系列商务汉语教程，6册，其中包括：

初级2册，以商务活动中简单的生活类任务为主要内容，重在提高学习者从事与商务有关的社会活动的能力。

中级2册，包括生活类和商务类两方面的任务。教材内容基本覆盖与商务汉语活动有关的生活、社交类任务和商务活动中的常用业务类任务。

高级2册，选取真实的商务语料进行编写，着意进行听说读写的集中教学，使学习者通过学习可以比较自由、从容地从事商务工作。

本套商务汉语系列教材具有如下特点：

1. 设计理念新。各系列分别按照任务型和技能型设计，为不同需求的学习者提供了广泛的选择空间。

2. 实用性强。既能满足商务工作的实际需要，同时也是BCT的辅导用书。

3. 覆盖面广。内容以商务活动为主，同时涉及与商务活动有关的生活类功能。

4. 科学性强。教材立足于商务汉语研究基础之上，吸取现有商务汉语教材成败的经验教训，具有起点高、布局合理、结构明确、科学性强的特点，是学习商务汉语的有力助手。

总之，本套商务汉语系列教材是在第二语言教材编写理论指导下完成的一套特点鲜明的全新商务汉语系列教材。我们期望通过本套教材，帮助外国朋友快速提高商务汉语水平，快速走进商务汉语世界。

新丝路商务汉语系列教材编写组
于北京大学勺园

新丝路商务汉语系列教材总目

新丝路商务汉语综合系列　　李晓琪　　主编	
新丝路初级商务汉语综合教程 I	章　欣　　编著
新丝路初级商务汉语综合教程 II	章　欣　　编著
新丝路中级商务汉语综合教程（生活篇）　I	刘德联　　编著
新丝路中级商务汉语综合教程（生活篇）　II	刘德联　　编著
新丝路中级商务汉语综合教程（商务篇）　I	蔡云凌　　编著
新丝路中级商务汉语综合教程（商务篇）　II	蔡云凌　　编著
新丝路高级商务汉语综合教程 I	韩　曦　　编著
新丝路高级商务汉语综合教程 II	韩　曦　　编著

新丝路商务汉语技能系列　　李晓琪　　主编	
新丝路商务汉语听力教程	崔华山　　编著
新丝路商务汉语口语教程	李海燕　　编著
新丝路商务汉语阅读教程	林　欢　　编著
新丝路商务汉语写作教程	林　欢　　编著
新丝路商务汉语考试阅读习题集	李海燕　　编著
新丝路商务汉语考试听力习题集	崔华山　　编著
新丝路商务汉语考试仿真模拟试题集 I	李海燕　　林　欢　崔华山　编著
新丝路商务汉语考试仿真模拟试题集 II	李海燕　　崔华山　林　欢　编著

新丝路商务汉语速成系列　　李晓琪　　主编	
新丝路初级速成商务汉语 I	蔡云凌　　编著
新丝路初级速成商务汉语 II	蔡云凌　　编著
新丝路中级速成商务汉语 I	崔华山　　编著
新丝路中级速成商务汉语 II	崔华山　　编著
新丝路高级速成商务汉语 I	李海燕　　编著
新丝路高级速成商务汉语 II	李海燕　　编著

编写说明

本书是新丝路商务汉语综合系列的中级商务篇，分Ⅰ、Ⅱ两册，每册10课，适合具有一定汉语基础的学习者使用。学习者学完本书后，可用汉语进行基本的日常商务工作。

本书的特点是"实用、灵活、商务性强"，主要表现为以下几点：

1. 每册10个主题，每个主题都紧密围绕核心商务活动编写三段短小精悍的对话或短文，便于在使用过程中根据不同的需求进行选择和调整。

2. 突出商务表达：每一段对话或短文中的常用商务词语均单独列出；例句及练习多以商务活动为背景；每课都设有与该课主题相关的商务表达常用语的总结。

3. 练习形式丰富多样，并涵盖听说读写四项技能的训练。

本书的体例、内容和使用建议如下：

体例	主要内容	使用建议
商务词语准备	每课中的常用商务词语	应重点学习、掌握
对话或短文	二三百字的对话或短文	了解课文内容；掌握重点表达
语句理解及练习	课文中出现的常用结构的解释、例句及练习	学习用正式的结构进行商务表达
对话或短文理解及练习	与课文内容相关的应用性练习	应能灵活运用所学词语、结构解决商务问题，完成商务活动
综合练习	分技能的综合性练习	可在课上完成，也可留作课后作业

　　本书在编写过程中一定还存在着很多问题和不足，真诚欢迎本书的使用者提出宝贵的意见和建议。

　　在本书编写和出版的过程中，北京大学对外汉语教育学院李晓琪教授，北京大学出版社宋立文编辑给予了悉心指导和帮助，在此一并表示感谢。

编　者

目　录

第一课 市场调查

课前准备

作为调查者或被调查者，你参与过什么方面的市场调查？

课 文

一、随机调查

◆商务词语准备

1	随机调查	suíjī diàochá	random survey
2	收费标准	shōufèi biāozhǔn	fee standards

◆对话

职员：您好，我们是网通公司，想占用您几分钟做   占用 zhànyòng take(time), occupy
一个随机调查，可以吗？

客户：可以。

职员：谢谢。请问您的年龄和学历。

客户：32，硕士。   硕士 shuòshì master

职员：您平时在哪儿上网？每天大概上多长时间？

客户：我在单位或家里上网，每天大概三四个小时吧。

职员：您上网主要做什么？

客户：在单位主要是查找与工作有关的信息，在家是看看新闻，打打游戏，下载电影什么的。

职员：那您在网上购过物吗？

客户：没有。

职员：您对现在的收费标准满意吗？

客户：还可以吧，每个月花一百多块钱，不过当然是越便宜越好啦！

职员：好，谢谢您的合作。再见！

查找 cházhǎo seek

下载 xiàzǎi download

购物 gòu wù
go shopping

合作 hézuò cooperate

语句理解及练习

越……（条件）越……

表示某种情况、程度随着条件的变化发生相应的变化。常用的结构是"A越……越……"，"A越……，B越……"。如：

(1) 张经理的报告又长又无聊，我越听越困。

(2) 工作越努力，机会也越多。

用"越……越……"表达下面的意思

(1) 天气热了，买空调的人多了起来。

_____

(2) 在中国住的时间长了，对中国人的想法了解得更多了。

_____

对话理解及练习

一、用画线词语回答下面的问题

1. 如果你接到<u>随机调查</u>的电话，你会和他们<u>合作</u>吗？

2. 你的<u>学历</u>是什么？

3. 你每天<u>上网</u>多长时间？<u>上网</u>做什么？

4. 你知道你当地的<u>上网收费标准</u>吗？

二、阅读下面的调查表，并填写相关信息

手机市场问卷调查表

您的性别：

□ 男　　　　　□ 女

您的年龄：

□ 20以下　　□ 20－30　　□ 30－40　　□ 40以上

您的收入：

□ 800元以下　□ 800－2500　□ 2500－3500　□ 3500以上

您的职业＿＿＿＿＿＿＿＿＿＿＿＿＿＿＿＿＿

1. 您购买现在所用的手机的原因是？（多选）

□ 价格便宜　　□ 功能强大　　□ 款式好看　　□ 品牌信任度

□ 其他＿＿＿＿＿＿

2. 您会选择哪种款式的手机？

□ 直板手机　　□ 滑盖手机　　□ 翻盖手机

3. 您理想的购机价位是：

□ 1000元以下　□ 1000－2000　□ 2000－3000　□ 3000以上

4. 您一般多久更换一次手机？

□ 不到一年　　□ 一年左右　　□ 两年左右　　□ 两年以上

5. 您一般会通过什么渠道了解手机的相关信息？

□ 直接去手机卖场　□ 上网查询　　□ 亲朋好友介绍

□ 看报纸、杂志　□ 其他＿＿＿＿＿＿＿＿

三、角色扮演

一人为市场调查员，另一人为被调查者，根据上面的"手机市场问卷调查表"的内容进行电话调查。

市场调查常用语

对不起，打扰您了。	Duìbuqǐ, dǎrǎo nín le.
可以占用您几分钟时间吗？	Kěyǐ zhànyòng nín jǐ fēnzhōng shíjiān ma?
可以问您几个问题吗？	Kěyǐ wèn nín jǐ ge wèntí ma?
这些问题都是随机的。	Zhèxiē wèntí dōu shì suíjī de.
请您填写一下这张调查表。	Qǐng nín tiánxiě yíxià zhè zhāng diàochábiǎo.
这是送给您的一点儿小礼物。	Zhè shì sònggěi nín de yìdiǎnr xiǎo lǐwù.
谢谢您的合作。	Xièxie nín de hézuò.

二、统计报告

短文

第二十次中国互联网络发展状况统计报告显示，截至今年6月30日，中国网民已达1.62亿，仅次于美国的2.11亿，居世界第二位。与去年年末相比，半年新增了2500万网民，年增长率达到了31.7%。但同时中国的互联网普及率为12.3%，低于全球17.6%的平均水平，而互联网较发达的美国、日本和韩国等国家普及率已超过65%。其中，中国城镇居民互联网普及率为21.6%，农村只有5.1%。

统计 tǒngjì statistics

截至 jiézhì
by (a specified time), up to

普及 pǔjí popularize

城镇 chéngzhèn
cities and towns

◣ 语句理解及练习

调查报告中常见的正式表达

常见表达	意义	举例
……报告显示，……	用于引出调查结果	调查报告显示，今年第一季度的销售量是去年同期的两倍。
截至+时间	到某个时间为止	截至上月底，报名人数已达5000人。
达+数量词语	到某个较高的数量水平	中国人口达14亿。
超过……	高出……之上	公司的员工超过500人。
为+数量词语	意为"是"	这个月的销售量为2000台。
仅次/低/高于……	用于比较	元旦的客流量仅次于春节。
居第……（位）	表示排名	居世界第一位。
与……相比	表示比较的对象	与去年同期相比，下降了3个百分点。
……率	表示比值	去年本市失业率为4.9%。

◣ 短文理解及练习

一、用"调查报告中常见的正式表达"改写画线部分的内容

1. 2009年海南的房地产开发投资<u>是</u>287.9亿元，比2008年增长了44.3%，涨幅在全国<u>排名第二</u>，<u>比山西略少一点</u>。

2. 2003年初正式进行网络零售的京东商城，连续五年<u>增长比值均高于</u>300%

3. <u>到2009年末为止</u>，保险公司总资产<u>有</u>4.1万亿元之多。

二、看图填空

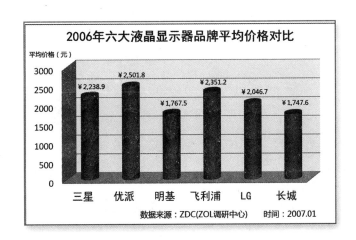

1. 上图显示的是截至_____的液晶显示器的平均价格。
2. 优派的平均价格为_____，超过_____，居_____。
3. _____的价格仅次于_____，居_____。

三、走势图

商务词语准备

1	液晶显示器	yèjīng xiǎnshìqì		liquid crystal display (LCD)
2	价格指数	jiàgé zhǐshù		price index
3	下滑	xiàhuá	动	decline
4	上扬	shàngyáng	动	rise
5	回落	huíluò	动	fall after rise
6	幅度	fúdù	名	range

短文

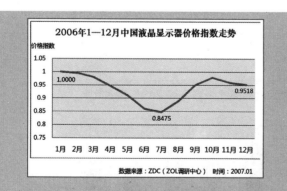

从上图可以看出，2006年中国液晶显示器的价格走势比较曲折。上半年，价格指数一路下滑，到7月份时已经降到了0.8475。但从8月份开始到10月，

曲折 qūzhé zigzag

一路 yílù all the way

价格指数一路上扬。在2006年的最后两个月，价格指数虽然有所回落，但是幅度较小。

语句理解及练习

有所+双音节动词

意为"有"。一般表示数量不多、程度不高等。比较正式。如：
(1) 我们明年的计划有所变化。
(2) 我们认识的时间不长，但我对老张还是有所了解的。

用"有所+双音节动词"改写句子中画线的部分

(1) 受金融危机影响，公司业绩下滑了一些。

_____

(2) 最近一周，农产品的价格上涨了一点儿。

_____

短文理解及练习

一、图形与词语连线

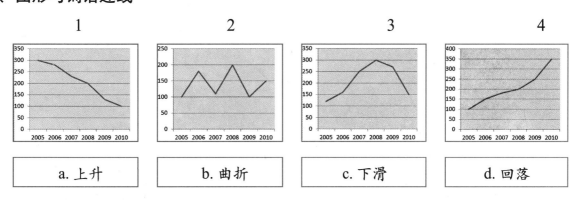

1	2	3	4
a. 上升	b. 曲折	c. 下滑	d. 回落

二、小组活动

两三个人一组，先各自画出一个走势图，然后由一人说明自己的走势图，由另外的小组成员边听边画出来，最后核对二者是否一致。

走势图常用表达

平稳	píngwěn
波动	bōdòng
上升、上扬、增长、上涨	shàngshēng、shàngyáng、zēngzhǎng、shàngzhǎng
下降、下滑、下跌、走低	xiàjiàng、xiàhuá、xiàdiē、zǒudī
回升、反弹	huíshēng、fǎntán
回落	huíluò
涨幅、跌幅	zhǎngfú、diēfú

综合练习

一、听力练习：听录音，然后从ABCD四个选项中选出最恰当的答案

1. 符合描述的走势图是_____

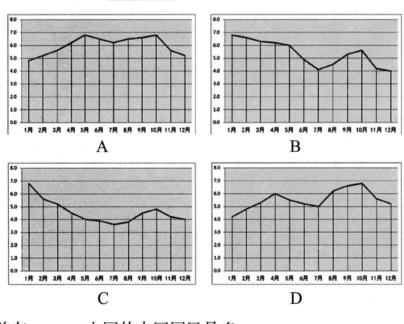

A   B

C   D

2.(1) 目前在_____上网的中国网民最多。

A. 家里   B. 酒吧   C. 网吧   D. 单位

(2) 25.5%的网民使用网络_____。

A. 预定   B. 应聘   C. 购物   D. 炒股

二、写作练习

(一) 某公司对2012年1—6月不同价位传真机的关注度进行了调查。结果如下：

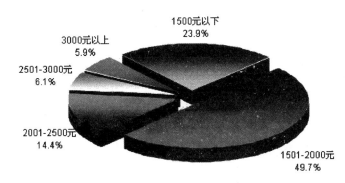

2012年不同价位传真机关注度分布

数据来源：ZMC(ZOB调研中心)　　时间：2012.07

请写一篇短文，对关注度的分布作一个简要的说明。

要求：100－150字。

(二) 某公司对2011年打印机的平均价格进行了调查。其中一项调查结果如下：

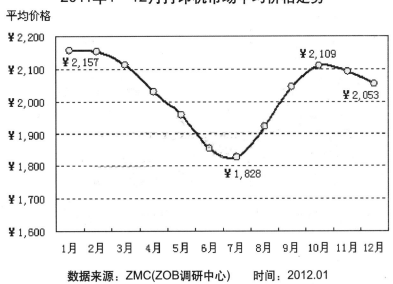

2011年1—12月打印机市场平均价格走势

数据来源：ZMC(ZOB调研中心)　　时间：2012.01

请写一篇短文，对平均价格走势作一个简要的说明。

要求：100－150字。

三、口语练习

市场调研部对顾客购买手机时考虑的价格做了一项调查，结果见下图。请你在公司的会议上对此结果进行说明。

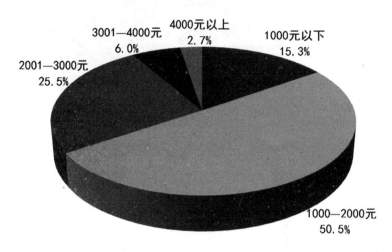

消费者手机价格选择比例分布

3001—4000元
6.0%

4000元以上
2.7%

1000元以下
15.3%

2001—3000元
25.5%

1000—2000元
50.5%

数据来源：市场调研部（MRD）　　时间：2012.01

第二课　产品介绍

课前准备

1. 你在购买某一产品时，一般会考虑哪些因素？
2. 如果有人向你推销某种商品，你会购买吗？为什么？

课　文

一、茶叶说明

商务词语准备

1	品名	pǐnmíng	名	product name
2	产地	chǎndì	名	place of production
3	质量等级	zhìliàng děngjí		quality grade
4	特级	tèjí	形	superfine
5	净重	jìngzhòng	名	net weight
6	生产日期	shēngchǎn rìqī		production date
7	包装	bāozhuāng	名、动	package, pack
8	封口	fēngkǒu	名	sealing part
9	保质期	bǎozhìqī	名	quality guarantee period

短文

品名：国色天香

产地：中国福建安溪

质量等级：特级

贮藏方法：密封，冷藏

产品标准号：DB35/370－1999

卫生标准号：GB9679－88

净重：7克

生产日期：见包装封口处

保质期：18个月

贮藏 zhùcáng storage, store

密封 mìfēng seal

冷藏 lěngcáng refrigerate

短文理解及练习

一、用画线的词语回答下面的问题

1. 你知道中国龙井茶的产地吗？

2. 食品的贮藏方法有哪些？

3. 哪些食品需要冷藏？

4. 盒装牛奶的保质期是多长时间？

二、小组活动

3至5人一组，分别收集不同食品的包装，从包装上查找以下信息：

1. 生产日期

2. 保质期

3. 产地

4. 贮藏方法

5. 净重

产品说明书常见词语

常见产品类别	产品说明常用词语						
医药	chéngfēn 成分	yòngfǎ yòngliàng 用法用量	fúyòng 服用	jìnjì 禁忌	zhǔzhì 主治	bùliáng fǎnyìng 不良反应	shènyòng 慎用
食品	zhùcáng 贮藏	lěngcáng 冷藏	lěngdòng 冷冻	bǎozhìqī 保质期	shēngchǎn rìqī 生产日期	mìfēng 密封	bìguāng 避光
	fángcháo 防潮	bǎocún fāngfǎ 保存方法	yíngyǎng chéngfēn 营养成分				
服装	xíng hào 型号	mián 棉 má 麻	sīchóu 丝绸	máo 毛	xǐdí 洗涤	yùntàng 熨烫	dīwēn 低温
洗涤用品	wūzì 污渍	pēnsǎ 喷洒	rù yǎn 入眼	wù fú 误服	chōngxǐ 冲洗	qiánglì 强力	

二、介绍空调

商务词语准备

1	新款	xīnkuǎn	名	new style
2	节能	jiénéng	动	energy conservation
3	降价	jiàngjià		reduce price
4	原材料	yuáncáiliào	名	raw material
5	涨价	zhǎngjià		rise in price

对话

顾　客：这两款空调只是外观不同，价格怎么相
　　　　差这么多啊？

销售员：您看，这种空调不容易清洗，而这种新
　　　　款的空调既美观又容易清洗，价格当然

空调 kōngtiáo air conditioning

外观 wàiguān appearance

清洗 qīngxǐ clean

美观 měiguān good-looking

就贵一些了。

顾　客：哦。那款空调有什么特点？

销售员：那是节能空调，而且还可以去除房间
内的异味儿，如果您家里有人吸烟或
者养了宠物，最好选这款空调。

顾　客：听起来不错，就是太贵了。有没有降
价的可能啊？

销售员：没有。今年原材料涨价了，过一段时
间，空调肯定也得涨。您要是需要，
还是早点儿买吧！

顾　客：我再考虑考虑，谢谢。

去除 qùchú remove

异味儿 yìwèir peculiar smell

语句理解及练习

就是

"就是"前先对某一方面进行肯定，"就是"后提出存在的问题、不足。如：

(1) 这里的房价挺便宜，就是过于偏僻了，不适合开商场。

(2) 你的建议不错，就是目前不可能实现。

用"就是"完成对话

(1) A：新来的小刘工作起来挺努力的。

　　B：_____

(2) A：您对我们的计划有什么意见？

　　B：_____

对话理解及练习

一、用画线的词语回答下面的问题

1. 一般来说，旧款的产品比新款的便宜。你会购买哪一款的？
2. 你使用的空调，从外观上看，容易清洗吗？
3. 你的房间里使用了哪些节能产品？
4. 有哪些去除房间里异味儿的方法？
5. 有哪些原因会使产品降价？

二、根据对话中销售员介绍的内容，填写下表

空调的某一方面	所用词语
外观	
功能	
价格	

三、如何介绍产品

商务词语准备

1	款式	kuǎnshì	名	style
2	试用	shìyòng	动	on trial
3	销售人员	Xiāoshòu rényuán		sales personnel

短文

在向顾客介绍产品时，应该做到以下几点：

第一，顾客在购买产品前，非常想知道使用时

的效果，因此一定要多向顾客介绍这方面的情况，比如款式、种类、功能、材料、使用方法等。

效果 xiàoguǒ effect

种类 zhǒnglèi type

　　第二，只介绍产品还不够，要把产品拿给顾客看，更要让他触摸、试用。

触摸 chùmō touch

　　第三，顾客在购买时都喜欢比较，而且大多数顾客希望买到的商品是由自己选择的，而不是由销售人员推荐的，所以要提供不同款式的商品让顾客自由选择。

比较 bǐjiào compare

推荐 tuījiàn recommend

　　除了这三点之外，因为顾客多有从众心理，因此介绍以往顾客的使用评价也是非常重要的。

从众心理 cóngzhòng xīnlǐ
herd mentality

评价 píngjià evaluation

语句理解及练习

除了……之外，……

　　表示所说的不计算在内。常与"都、还、也"搭配使用。如：

（1）除了你之外，大家都知道这件事了。

（2）除了在北京之外，公司在上海、西安都有分部。

用"除了……之外"改写句子

（1）只有小张还没到办公室。

_____

（2）销售人员的薪水包括基本工资和业绩提成。

_____

短文理解及练习

一、下面的句子介绍的是产品的哪一方面

　　1. 这是今年的流行色。

2. 您可以打开试一试。

3. 那里还有几种不同的品牌，您可以再看看。

4. 很多顾客反映在使用的时候非常方便。

5. 这种材料非常环保。

6. 它非常受年轻人欢迎。

7. 这款的功能虽然比那款少一些，但都很实用。

8. 这已经是最优惠的价格了。

9. 怎么样？手感不错吧？

二、小组讨论

（一）可以用哪些词语介绍产品的以下几个方面

产品的某一方面	所用词语
大小	
形状	
颜色	
材料	
功能	
价格	
使用方法	

（二）两个人一组，一个人用上面出现的词语描述某种产品，另一个人根据其描述猜出是什么产品。如：

A：圆的，很薄，塑料的，可以插在电脑上存入信息。这是什么？

B：光盘。

销售人员常用语句

需要我为您做什么吗？	Xūyào wǒ wèi nín zuò shénme ma?
您可以亲自试用一下。	Nín kěyǐ qīnzì shìyòng yíxià.
我给您演示一下。	Wǒ gěi nín yǎnshì yíxià.

您还想了解哪些情况？	Nín hái xiǎng liǎojiě nǎxiē qíngkuàng?
您能接受的价位是什么？	Nín néng jiēshòu de jiàwèi shì shénme?
您是自己用还是送朋友？	Nín shì zìjǐ yòng háishì sòng péngyǒu?

综合练习

一、听力练习：听录音，然后从ABCD四个选项中选出最恰当的答案

1. 与描述相符的是_____。

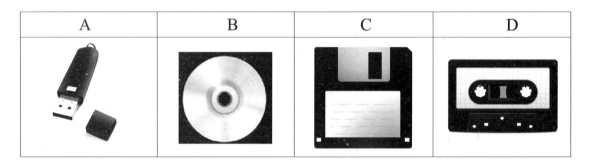

2. 与描述相符的是_____。

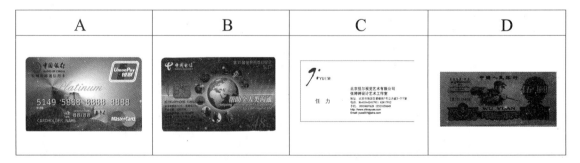

3. 与描述相符的是_____。

二、 词语练习：从ABCD四个词语中选择最恰当的词语填空

平板空调是前两年___1___出的，今年开始流行。老款机由于___2___不方便，受到了消费者的冷落，以后的空调市场极有可能___3___平板空调的主战场。

今年还有很多空调厂家都大___4___"健康节能"牌，如三菱电机的一款为家庭健康生活___5___造的空调，不仅节能技术出色，还采用了高科技，可以有效___6___有害气体和异味儿等。

1. A 拿　　　　B 推　　　　C 拉　　　　D 放
2. A 干净　　　B 净化　　　C 清洗　　　D 洁净
3. A 成为　　　B 改成　　　C 变化　　　D 当做
4. A 玩　　　　B 耍　　　　C 举　　　　D 打
5. A 则　　　　B 而　　　　C 且　　　　D 以
6. A 消灭　　　B 下降　　　C 控制　　　D 去除

三、阅读练习：阅读下面的产品说明，然后从ABCD四个选项中选出最恰当的答案

产品类型：全脂巴氏杀菌奶
配料：生鲜牛奶
贮藏方法：2℃－6℃冷藏，开启后2日内饮用完为佳。
保质期：7天
生产日期：见封口处

如果你在星期天打开了这盒牛奶，那么最好在_____前把它喝完？

A. 星期一　　　　B. 星期二　　　　C. 星期三　　　　D. 星期四

四、口语练习

　　　　你是某商场的销售人员，有顾客想购买手机，请你向顾客介绍一下。

包括：

1. 外观

2. 功能

3. 其他顾客的评价

时间：2分钟。

第三课　市场营销

课前准备

1. 商场里有哪些常见的促销手段？
2. 一名销售人员应该具有哪些素质？

课　文

一、促销预案

商务词语准备

1	促销	cùxiāo	动	promote, promotion
2	预案	yù'àn	名	plan
3	消费者	xiāofèizhě	名	consumer
4	价位	jiàwèi	名	price level
5	知名品牌	zhīmíng pǐnpái		well-known brand
6	出售	chūshòu	动	sell

短文

　　因为上个季度的销售不太理想，我们调整了促销预案，主要有以下几个方面：

调整 tiáozhěng
adjust

21

首先，针对消费者的求实、求廉心理，我们的价位要不断地调整，要得到消费者的认同，要与同类型的众多产品价位相当。

第二，联合知名品牌展开促销活动，如将我们的产品与百事可乐搭配出售，这可以赢得更多的年轻消费者。

最后一点是举行与产品相关的竞赛，优胜者去名胜旅游，这对扩大企业影响，提高企业知名度会起到重要作用。

认同 rèntóng recognition

搭配 dāpèi assort or arrange in pairs or groups

赢得 yíngdé win

竞赛 jìngsài competition

优胜者 yōushèngzhě winner

名胜 míngshèng tourist attraction

语句理解及练习

A 与 B 相当

表示A在数量、价值、条件等方面和B差不多。如：

(1) 对手与我们的实力相当，我们不可小视啊。

(2) 我与老张的年纪相当，可他的身体比我强多了。

用"相当"表达下面的意思

(1) 两家公司的销售业绩几乎差不多。

_____

(2) 夫妻二人的收入差不多一样。

_____

短文理解及练习

一、你知道以下产品的知名品牌有哪些吗

1. 家电

2. 饮料

3. 快餐
4. 汽车
5. 护肤品
6. 服装

二、下面是消费者购物时的几种心理

1. 求实心理
2. 求新心理
3. 求利心理
4. 求名心理
5. 从众心理
6. 求美心理

（一）举例说明你对这几种心理的理解。

（二）针对这几种心理，商家可以采取哪些具体的促销手段或方法？

三、文中提到了三种促销方法，请把它们的内容填写在下表中

促销方法	效果
搭配出售	
	扩大企业影响，提高企业知名度

世界知名品牌

BMW 宝马	Bǎomǎ
Chanel 夏奈尔	Xiànài'ěr
Rolex 劳力士	Láolìshì
Gucci 古琦	Gǔqí
Louis Vuitton 路易威登	Lùyì Wēidēng

Prada 普拉达	Pǔlādá
Chivas 芝华士	Zhīhuáshì
Mercedes 梅塞德斯	Méisàidésī
Ritz-carlton 丽嘉酒店	Lìjiā Jiǔdiàn
Estee Launder 雅诗兰黛	Yǎshīlándài

二、旺季不旺

商务词语准备

1	购买力	gòumǎilì	名	purchasing power
2	淡季	dànjì	名	off season
3	销售量	xiāoshòuliàng	名	sales volume
4	翻番	fān fān		be doubled
5	旺季	wàngjì	名	busy season
6	同期	tóngqī	名	the corresponding period
7	库存	kùcún	名	inventory

短文

今年空调销售的季节性不是太明显，购买力比较分散。往年的9月到1月是销售淡季，但是现在空调已经成为生活的必需品，而不是等到天热时才买，再加上今年又是个好年，结婚、装修房子的人较多，买空调的也就多了，因此今年淡季的销售量

分散 fēnsàn scattered

往年 wǎngnián in previous years

必需品 bìxūpǐn necessity

装修 zhuāngxiū renovate and decorate

翻了一番。而往年的销售旺季3月到8月，今年却是旺季不旺，主要原因是从6月初到7月末一直是阴雨天。这样一来，与去年同期相比，最少增加了20%的库存。

语句理解及练习

这样一来

　　用于引出某种结果。多用于口语。如：
　　(1) 今年年底4号线就通车了，这样一来，我们上班就方便多了。
　　(2) 多数企业都是靠降低产品售价来获得市场，这样一来，企业利润也就降低了。

完成下面的表达

　　(1) 公司决定裁员20%，这样一来，＿＿＿＿＿＿＿＿＿＿＿＿＿＿＿。

　　(2) ＿＿＿＿＿＿＿＿＿＿＿＿＿＿＿，这样一来，房价自然就会走低。

　　(3) ＿＿＿＿＿＿＿＿＿＿，这样一来，＿＿＿＿＿＿＿＿＿＿。

短文理解及练习

一、用画线词语回答下面的问题

　　1. 在你所居住的地区，人们的购买力怎么样？
　　2. 你工作时的必需品有哪些？
　　3. 如果你们国家的人口翻了一番，会是多少？
　　4. 库存增加会带来哪些问题？怎么解决？

二、说说以下旺季在你居住的地区的时间

　　1. 招聘旺季
　　2. 空调的销售旺季

3. 旅游旺季

4. 消费旺季

5. 啤酒的销售旺季

三、讨论

哪些因素会影响产品的销售？是怎么影响的？可以采取什么样的营销方案？模仿例子，把讨论结果填写在下表中。

影响产品销售的因素	如何影响	营销方案
1. 时间	淡季销售量小；旺季销售量大	降价
2.		
3.		
4.		
5.		

三、营销方案

商务词语准备

1	旗下	qíxià	名	be owned by a company
2	优惠券	yōuhuìquàn	名	discount coupon
3	市场份额	shìchǎng fèn'é		market share

短文

买百事可乐送可口可乐，这是可口可乐最近新推出的促销活动。该活动承诺，凡是购买百事激浪（Mountain Dew）的消费者，都将获赠一个可口可乐旗下的沃特（Vault）饮料。这样做的目的就是要吸引百事激浪饮料的消费者，创造机会让他们也品尝一下可口可乐的 Vault 饮料。除了免费赠送，可口可乐还发放优惠券，鼓励大家参加这个活动。可口可乐在经济不景气时推出这种聪明又独特的对比营销方案，相信一定能够赢得消费者的青睐，成功地瓜分百事可乐激浪产品的部分市场份额。

鼓励　gǔlì encourage

景气　jǐngqì prosperous

独特　dútè unique

青睐　qīnglài favour

瓜分　guāfēn carve up

语句理解及练习

凡是

用于总括某一范围内的一切。常与"都""一律"等词语搭配使用。如：
(1) 凡是公立博物馆，都可以免费参观。
(2) 凡是迟到三次的员工，一律开除。

用"凡是"回答下面的问题

(1) 你喜欢看哪些方面的书？

_____

(2) 哪些员工会受到公司的奖赏？

_____

短文理解及练习

一、用画线的词语回答下面的问题

1. 可口可乐旗下有哪些品牌？
2. 一个地区经济不景气会有哪些表现？
3. 在你居住的地区，有哪些独特的食品？
4. 哪些商品受年轻人（/老年人/上班族）青睐？

二、分组调查：

2至3人一组，分别到超市、餐馆、商店，调查它们的促销手段及效果，完成调查报告后向大家汇报。

调查报告

调查地点：

调查时间：

调查方式：

调查组成员：

调查内容：

调查结果：

小组建议：

综合练习

一、听力练习：听录音后在空格处填写出缺少的信息

产品的定位就是产品独特的卖点，它是与众不同的核心竞争力的表现。体现在以下几点：

1. 一流的_____；

2. 推出产品的＿＿＿＿＿；

3. 产品＿＿＿＿＿；

4. 超值的＿＿＿＿＿。

二、词语练习：从ABCD四个词语中选择最恰当的词语填空

广告作为营销的重要＿＿＿1＿＿＿，它的作用在任何时候都不会＿＿＿2＿＿＿低估。不论成熟的消费者还是盲目的购物＿＿＿3＿＿＿，都将会受到广告的引导。而企业靠打广告得到的＿＿＿4＿＿＿，在短时间内仍然让人心动。

打折降价并不是营销的法宝，但是＿＿＿5＿＿＿可以赢得消费者的青睐，因此，未来的营销也不会不打这张王牌。

1. A 阶段　　　　B 手段　　　　C 步骤　　　　D 办法

2. A 把　　　　　B 让　　　　　C 被　　　　　D 使

3. A 群体　　　　B 人群　　　　C 大众　　　　D 众人

4. A 回答　　　　B 回报　　　　C 回复　　　　D 回应

5. A 却　　　　　B 则　　　　　C 就　　　　　D 又

三、阅读练习：阅读ABCD四段短小的文字材料，然后判断哪个句子与哪段材料有关系

1. 人们去商场不仅仅为了买东西。

2. 产品换代的节奏非常快。

3. 概念行销可以引导消费。

4. 没有技术优势就会失去机会。

5. 企业的营销观念要国际化。

A

进入21世纪，企业将面临两个市场，即本土销售和国际销售。全球市场一体化后，任何一个国家的风吹草动，都会波及到你的企业。不管你是否愿意，你都会被卷入国际市场的漩涡之中。因此，明智的企业从现在起就应站得高一些，看得远一点，重新树立新世纪的营销观。

B

21世纪的市场分工会越来越细，科学的市场分工会让商品销售专业化、系统化。21世纪的商场将是集购物、娱乐、服务为一体的场所，为购物而去逛商场的人会越来越少。因此，专门经营某一类商品的卖场将会形成导购、咨询、售后服务为一体的部门。

C

21世纪是技术领先的时代，谁的技术有优势，谁就能称王称霸。生活的快节奏将体现在产品的更新换代上。也许一个产品刚使用两三年就过时了，一个产品的使用价值还没有充分发挥出来，就会被新的产品所取代。因此，企业和产品如果没有技术优势，就会失去竞争机会。

D

21世纪是信息高度膨胀的时代：买服装，您可能从上千种牌子中挑选；买皮鞋，您会面对几百个品种和款式，消费者往往无所适从，在这种时候，概念行销会显出它的本色，它可以引导消费思维，创造消费理念，满足消费心理，从而达到引导消费的目的。

四、口语练习

你是某商场销售部负责销售家电的经理，由于最近家电销售情况不理想，总经理要求你向他作一汇报。内容包括：

1. 家电销售的基本情况；

2. 销售情况不理想的原因；

3. 要采取的措施和方法。

时间：2分钟。

第四课 售后服务

1. 售后服务一般包括哪些内容?
2. 说说你经历过的令你满意或不满的售后服务。

课 文

一、投 诉

商务词语准备

1	消费者协会	xiāofèizhě xiéhuì		consumers' association
2	滚筒式	gǔntǒngshì	形	roller-type
3	故障	gùzhàng	名	machine fault
4	售后	shòuhòu		after-sales
5	维修	wéixiū	动	maintain and repair
6	配件	pèijiàn	名	accessories
7	厂家	chǎngjiā	名	manufacturer
8	投诉	tóusù	动	complain, complaint

对话

> **接线员：** 您好！消费者协会。
>
> **消费者：** 你好。有件事我想反映一下。我们家两年前买了一台小鹰牌滚筒式洗衣机，现在洗衣机出现了故障，给他们的售后打电话要求维修。售后部说没配件，要我们等，但我们等了一个多月，还是没货。我又给售后部打了几次电话，还给厂家打了两个长途，答复都是：不知道什么时候能维修，等着吧！这是什么态度啊，以后谁还敢买他们的东西啊！
>
> **接线员：** 先生，您的投诉我都记下了，我们会尽快向厂家反映您的问题，一周内给您答复。
>
> **消费者：** 那太谢谢了。

反映 fǎnyìng reflect

敢 gǎn dare

对话理解及练习

一、用画线的词语回答下面的问题

1. 在你们国家，有没有与"消费者协会"类似的机构？
2. 如果你要投诉，可以向什么机构或部门反映？
3. 如果你使用的产品出现了故障，而且维修费用很高，你会怎么办？

二、下列商品可能出现哪些故障（最后一格可自由填写）

商品名称	可能出现的故障
手机	1. 电池不能充电了 2. 3.
电脑	1. 老是死机 2. 3.

冰箱	1. 噪音大 2. 3.
电视机	1. 图像不清楚 2. 3.

三、角色扮演

　　两个人一组，一个人为消费者，另一人为售后部员工。消费者向售后部投诉购买的商品出现了故障（可使用练习二中的例子），售后部员工应了解相应情况，并给予恰当的答复。

用来表达不满的常用句

我非常不满。	Wǒ fēicháng bùmǎn.
我想向您反映一个问题。	Wǒ xiǎng xiàng nín fǎnyìng yí ge wèntí.
怎么能这样呢？	Zěnme néng zhèyàng ne?
太不像话了！	Tài bú xiànghuà le!
真没想到会发生这样的事情！	Zhēn méi xiǎngdào huì fāshēng zhèyàng de shìqing!
我再也不会买这个牌子的东西了。	Wǒ zài yě bú huì mǎi zhè ge páizi de dōngxi le.

二、加强售后服务

商务词语准备

1	型号	xínghào	名	model

| 2 | 停产 | tíngchǎn | 动 | stop production |
| 3 | 售后服务 | shòuhòu fúwù | | after-sales service |

对话

总经理：张经理，我接到消费者协会的传真，说有客户反映我们的售后服务有问题。怎么回事啊？

张经理：是这样的，那种型号的洗衣机我们一年前已经停产了，所以很难找到配件了。

总经理：办法你们自己去想，我说的是态度，如果你是消费者，你愿意总是听到"等等，再等等"的答复吗？我给你们两天时间解决问题！

愿意 yuànyì be willing

张经理：我知道了。

总经理：另外，找个时间，你们售后部开个会，专门讨论一下如何加强售后服务，我会派刘秘书去参加。

专门 zhuānmén specially

张经理：好的。我记下了。

语句理解及练习

如何 + 动词性成分

意为"怎么做"，比较正式。如：
(1) 你打算如何安排新员工？
(2) 计划已经制定出来了，但是重要的是如何执行。

用"如何+动词性成分"完成下面的对话

（1）A：这次会议的主要议题是什么？

　　B：＿＿＿＿＿＿＿＿＿＿＿＿＿＿＿＿＿＿＿＿＿＿

（2）A：＿＿＿＿＿＿＿＿＿＿＿＿＿＿＿＿＿＿＿＿＿＿

　　B：最近股市波动很大，我觉得还是多看少做比较好。

对话理解及练习

一、讨论

1. 一般来说，售后服务可能会出现哪些问题？
2. 有哪些具体的办法可以加强售后服务？

二、角色扮演

　　两个人一组，一个人为售后部张经理，另一人为作为投诉方的消费者。张经理给消费者打电话，在电话中：

1. 道歉；
2. 解释原因；
3. 提供解决方案。

三、请你以售后部张经理的身份给消费者协会回复一封传真，内容包括

1. 对消费者的投诉表示歉意；
2. 说明原因；
3. 解决问题的态度和方案。

用于答复的常用句

我们也不希望发生这样的事情。	Wǒmen yě bù xīwàng fāshēng zhèyàng de shìqing.
对此，我们深表遗憾。	Duìcǐ, wǒmen shēnbiǎo yíhàn.

我们会尽力而为的。	Wǒmen huì jìn lì ér wéi de.
我们一定给您一个满意的答复。	Wǒmen yídìng gěi nín yí ge mǎnyì de dáfù.
请放心，我们无论如何都会把问题解决好。	Qǐng fàng xīn, wǒmen wúlùn rúhé dōu huì bǎ wèntí jiějué hǎo.
您先别着急，慢慢儿说。	Nín xiān bié zháo jí, mànmānr shuō.
问题正在解决中，请您再耐心等几天。	Wèntí zhèngzài jiějué zhōng, qǐng nín zài nàixīn děng jǐ tiān.

三、销售从服务开始

商务词语准备

1	卖方	màifāng	名	seller
2	送货上门	sòng huò shàng mén		home delivery service
3	安装	ānzhuāng	动	install
4	保养	bǎoyǎng	动	maintain

短文

　　售后服务是卖方向已购商品的顾客提供的服务。售后服务的形式一般有：免费的送货上门、安装，热线电话，定期拜访用户，定期上门保养等，不同产品需要的服务内容和方式各不相同。

　　良好的售后服务可以使消费者对企业产生好感和信任，成为企业产品的忠实用户。另外，优质的售后服务不但能留住老顾客，还能吸引新顾客。因为人们在购买商品时，受朋友、同事、邻居、熟人的影响很大，好的口碑比商家宣传促销的力量要大

拜访 bàifǎng pay a visit

好感 hǎogǎn favorable impression

忠实 zhōngshí faithful

口碑 kǒubēi reputation

得多。从这个意义上可以说，真正的销售从服务开始。

意义 yìyì significance

短文理解及练习

一、用画线的词语回答下面的问题

1. 哪些产品需要定期保养？
2. 你会用什么方式来表达不满？
3. 你是某个品牌的忠实用户吗？
4. 在你居住的地区，什么品牌的口碑比较好？
5. 加强售后服务的意义是什么？

二、根据实际情况填写下面的调查表

"处理售后服务问题"专项调查，感谢您的关注与参与。

1. 您遇到的售后服务问题有几次？
   □ A. 没遇到过　　□ B. 1到3次　　□ C. 3次以上

2. 购买某种商品时，最讨厌出现什么问题？
   □ A. 送货不及时　□ B. 出现工人安装问题　　□ C. 售后服务质量差

3. 遇到售后问题您会怎么办？
   □ A. 嫌麻烦，那就这样吧　□ B. 努力解决，最后实在拖不起就妥协了
   □ C. 将维权进行到底

4. 您最终通过什么方法解决问题？
   □ A. 打电话给客服　　　　　　□ B. 找到卖货人，直接沟通
   □ C. 借助媒体的影响力，发布投诉

5. 在产生售后问题后，多长时间内可以解决？
   □ A. 一周以内　　□ B. 两到三周　　□ C. 一个月以上

6. 投诉后的处理结果是什么？
   □ A. 生了一肚子气，还没解决　　□ B. 解决了，但不太满意
   □ C. 很满意

三、分组调查

2至3人一组，分别对某种产品或服务（电器、服装、食品、家具等）的售后服务的内容进行调查，完成下面的调查报告后向大家汇报。

关于_____（产品）售后服务内容的调查报告

产品名称：

生产厂家/服务方：

售后服务的内容及方式：

投诉方式：

一、听力练习：听录音后填写出缺少的信息

客户留言

客户姓名：＿＿＿＿＿＿＿＿(1)＿＿＿＿＿＿＿＿

客户电话：＿＿＿＿＿＿＿＿(2)＿＿＿＿＿＿＿＿

客户地址：南京西路15号

故障描述：电视只有声音，没有＿＿＿＿＿(3)＿＿＿＿＿

二、词语练习：从ABCD四个词语中选择最恰当的词语填空

　　良好的售后服务是＿＿＿1＿＿一次销售前最好的促销，是提升消费者满意度和＿＿＿2＿＿度的主要方式，是树立企业＿＿＿3＿＿和传播企业形象的重要途径，在这方面海尔是做得最出色的，＿＿＿4＿＿是做得最早的。他们在售后服务方面积累了大量经验，再加以科学、合理的改进，深得消费者的＿＿＿5＿＿。

　　1. A 前　　　　B 上　　　　　C 下　　　　　D 后
　　2. A 忠实　　　B 老实　　　　C 实在　　　　D 实际
　　3. A 计划　　　B 方案　　　　C 部门　　　　D 口碑
　　4. A 也　　　　B 却　　　　　C 不　　　　　D 而
　　5. A 同意　　　B 认同　　　　C 认识　　　　D 意义

三、口语练习

　　某个顾客想购买一台冰箱，请作为商场服务人员，向其推荐某个品牌，其原因是这个品牌具有优质的售后服务。要求：

　　1. 推荐某个品牌的冰箱；
　　2. 举例说明其优质的售后服务；
　　3. 说明售后服务的重要性。

　　时间：2分钟。

四、写作练习

　　你在售后部门工作，收到一封消费者的投诉信，请写一封回信给予答复。要求：

　　1. 道歉；
　　2. 说明原因；
　　3. 提供解决问题的方案。

　　字数：200字。

　　我于今年1月初购买了斯康UT6手机一部，使用不到半年，摄像头就不能照相了，送到维修部去修理，工作人员告诉我最晚半个月可以修完，到时跟我联系。可是我等了快一个月都没人跟我联系，我只好给他们打了一个电话，维修师傅还让我等。我想问问我要等到什么时候呢？希望贵方能给我一个满意的答复。

投诉人：王宁

2012年7月15日

第五课　展　会

课前准备

1. 你知道哪些知名的展会？
2. 参加展会对企业有什么帮助？

课　文

一、参加交易会

商务词语准备

1	交易会	jiāoyìhuì	名	trade fair
2	合作伙伴	hézuò huǒbàn		partner
3	光地	guāngdì	名	bare stand
4	标准展位	biāozhǔn zhǎnwèi		standard booth
5	外贸	wàimào	名	foreign trade

对话

小李：我们公司要参加今年的进出口商品交易会，我想跟你取取经啊！

小张：好啊，有什么问题尽管问。

小李：参加交易会的效果怎么样？

小张：挺好的，交易会上认识的不少客户、企业，已经成为我们的合作伙伴了。

小李：展位怎么收费啊？

小张：去年的光地价格是每平方米3000元，标准展位是30000元一个。

小李：价格还算合适。不过，我们是小企业，参加这样的大型交易会，恐怕实力不够啊！

小张：你们公司虽然小，但做的是外贸生意，参加交易会一定有好处。

小李：那申请手续复杂吗？

小张： 不复杂，所有的手续在网上都可以办理。

小李：太好了，谢谢！

取经 qǔ jīng
(go on a pilgrimage for Buddhist scriptures) seek for experience

恐怕 kǒngpà I'm afraid...

申请 shēnqǐng application

手续 shǒuxù procedure

语句理解及练习

1. 还算+形容词性成分

表示勉强、凑合地达到某一水平、程度。注意：不与贬义形容词搭配。如：

(1) 跟小张相比，小赵的能力还算不错。

(2) A：真冷啊！

B：这还算暖和，最冷的时候还没到呢！

📝 用"还算"完成对话

　　（1）A：经理，您觉得这份计划书怎么样？

　　　　　B：＿＿＿＿＿＿＿＿＿＿＿＿＿＿＿＿＿＿＿＿

　　（2）A：你对现在的收入满意吗？

　　　　　B：＿＿＿＿＿＿＿＿＿＿＿＿＿＿＿＿＿＿＿＿

2. 恐怕

　　表示担心可能发生某种情况。如：
　　（1）糟糕，起晚了，今天恐怕要迟到了。
　　（2）今年的经济不景气，恐怕我们的业绩会有很大幅度的下滑。

📝 用"恐怕"表达

　　（1）最近工作很忙，你担心周末又要加班，不能和女友约会了：

　　＿＿＿＿＿＿＿＿＿＿＿＿＿＿＿＿＿＿＿＿＿＿＿＿

　　（2）因为正是淡季，你担心不能完成这个月的销售任务：

　　＿＿＿＿＿＿＿＿＿＿＿＿＿＿＿＿＿＿＿＿＿＿＿＿

◣ 对话理解及练习

一、用画线的词语回答下面的问题

　　1. 你们公司有哪些<u>合作伙伴</u>？
　　2. 你了解你们国家大型展会的<u>展位价格</u>吗？
　　3. 在你们国家，出国时需要办理哪些<u>手续</u>？

二、假设你所在的公司要参加进出口商品交易会，请填写下面的参展申请

参展申请

单位名称：

联系人：

电话：

传真：

电子邮件：

参展人数：

标准展位：　　　　　　　个（3*3平米）

租用光地：　　　　　　　平米

展会常用词语

布展	bù zhǎn
撤展	chè zhǎn
参展商	cānzhǎnshāng
展馆	zhǎnguǎn
展区	zhǎnqū
展位规格	zhǎnwèi guīgé
展位号	zhǎnwèihào

二、招商会计划

商务词语准备

1	招商会	zhāoshānghuì	名	investment fair

2	计划书	jìhuàshū	名	business proposal
3	预算	yùsuàn	名	budget

短文

张小姐：刘秘书，贵公司对招商会的计划书还满意吗？

刘秘书：这份计划书的整体感觉不错，只是在有些环节上，我们希望能安排得更完美，更上档次。

张小姐：您能不能说得具体一些？

刘秘书：我们希望邀请电视台的当红主持人主持那天的活动。

张小姐：这样一来，花费可能就会大大超过预算啊！

刘秘书：这次招商会的目的就是要提升我们品牌的知名度，必要的投资是值得的。

张小姐：知道了，我们马上派人去联系。

环节 huánjié link

完美 wánměi perfect

提升 tíshēng enhance

语句理解及练习

值得

　　做某件事有意义、有价值。常见结构：值得+动词性成分；……是值得的。如：

（1）目前的销售情况值得关注。

（2）只要能成功，付出多少都是值得的。

用"值得"完成下面的对话

（1）A：公司打算投资城东那块地，你觉得怎么样？

　　　B：_____

（2）A：张总，对市场部的销售预案您有什么意见？

　　　B：_____

◆ 对话理解及练习

一、用画线的词语回答下面的问题

1. 你是一个追求<u>完美</u>的人吗?
2. 你<u>主持</u>过会议、婚礼或者某种活动吗?
3. 在生活或工作中，你的花费会不会超过<u>预算</u>?
4. 有哪些方法可以<u>提升</u>企业的<u>知名度</u>?

二、请给下列主题找到与其相匹配的照片

主题1：分发资料 _____　　主题2：主持大会 _____

主题3：贸易洽谈 _____　　主题4：展示幻灯片 _____

主题5：嘉宾签到 _____　　主题6：记者采访 _____

主题7：看样订货 _____　　主题8：嘉宾剪彩 _____

常见展会名称

博览会	bólǎnhuì
招商会	zhāoshānghuì
展销会	zhǎnxiāohuì
展览会	zhǎnlǎnhuì
贸易洽谈会	màoyì qiàtánhuì
看样订货会	kànyàng dìnghuòhuì

三、广交会

商务词语准备

1	广交会	Guǎngjiāohuì	专名	Canton Fair
2	客商	kèshāng	名	merchant
3	成交	chéng jiāo		clinch a deal
4	看样成交	kànyàng chéngjiāo		look at a sample then clinch a dea
5	商情	shāngqíng	名	market conditions

短文

中国进出口商品交易会，原称广交会，创办于1957年春季，每年春秋两季在广州举办，至今已有五十余年的历史，是中国目前历史最长、层次最高、规模最大、商品种类最全、到会客商最多、成交效果最好的综合性国际贸易盛会。自2007年4月第101届起，广交会更名为"中国进出

创办 chuàngbàn establish

层次 céngcì administrative levels

规模 guīmó scale

盛会 shènghuì grand gathering

届 jiè session (of a conference)

更名 gēngmíng rename

口商品交易会"。交易会以出口贸易为主，也做进口生意，还可以开展多种形式的经济、技术合作与交流。交易会的贸易方式灵活多样，除了传统的看样成交外，还举办网上交易会。交易会期间，来自世界各地的客商云集广州，互通商情，增进友谊。

云集 yúnjí gather

语句理解及练习

贸易—交易

"贸易"是名词，是自愿的货物或服务交换。也被称为商业。"交易"是名词，指某种利益互换的行为，可以与商业有关，也可以与商业无关。如：

(1) 我们是一家从事对外贸易的公司。

(2) 我们做笔交易吧，如果你帮了我这个忙，以后我什么都听你的。

选择"贸易"或"交易"填空

(1) 我们与国外多家公司都有（　　　　　）往来。

(2) 他在股票（　　　　　）所工作。

(3) 他是靠做政治（　　　　　）上台的。

短文理解及练习

一、用短文中正式的表达改写句子中画线的部分

1. 公司<u>是1936年成立的</u>，<u>到现在</u>已经有70<u>多</u>年的历史了。

2. <u>从</u>本月25号<u>开始</u>，"微软中国研发集团"的名称<u>变成</u>"微软亚太研发集团"了。

3. 我们公司的员工<u>大部分</u>是亚洲人。

4. 各地客商都来到了上海，在交易会上<u>互相交流商业信息</u>。

二、填写下面的表格

（一）根据短文内容填写；

（二）介绍你们国家的一个知名展会，并填在表中。

展会名称	广交会	
展会时间		
展会地点		
发展历史		
展会性质		
展会内容		
贸易方式		

综合练习

一、听力练习：听录音，然后从ABCD四个选项中选出最恰当的答案

1. 这个交易会以前举办过_____届。

A. 1　　　　B. 2　　　　C. 3　　　　D. 4

2. 此届交易会在_____举行。

A. 香港　　B. 深圳　　　C. 台湾　　　　D. 澳门

3. 关于交易会，下列说法正确的是_____。

A. 将举办3天

B. 规模比上届小一些

C. 是服装服饰交易会

D. 外地企业不到1600家

二、词语练习：从ABCD四个词语中选择最恰当的词语填空

　　中国华东进出口商品交易会是中国规模最大、客商最多、成交额最高的区域___1___国际经贸盛会，每年3月在上海举行。

　　___2___1991年以来，华交会已成功举办了19次。去年有18229名外商和国内25000___3___名专业客户到会洽谈，出口成交总额达22.41亿美元。

　　第20___4___华交会将于2010年3月1日至5日在上海新国际博览中心举行，展览面积达10.35万平方米，设置服装、家用纺织品、日用消费品和装饰礼品四大___5___。华交会___6___进出口贸易为主，还安排加工贸易和合资、合作等多种经济贸易洽谈。

1. A 性　　　　B 度　　　　C 型　　　　D 地

2. A 在　　　　B 由　　　　C 自　　　　D 到

3. A 约　　　　B 左右　　　C 等　　　　D 余

4. A 次　　　　B 名　　　　C 届　　　　D 个

5. A 展品　　　B 展位　　　C 展台　　　D 展区

6. A 以　　　　B 把　　　　C 当　　　　D 靠

三、阅读练习：阅读ABCD四段短小的文字材料，然后判断哪个句子与哪段材料有关系

1. 位于城市中心。
2. 提供西式餐饮服务。
3. 购物方便。
4. 设有常年展示区。
5. 视听设备先进。

A

　　亚龙国际广场紧邻南京东路商圈和淮海东路商圈，步行5分钟内均可到达，拥有四个规格不同、人数不等的会议场馆及最先进的视听设备，除可提供先进的硬件设施外，还能为与会人员提供周到、热诚的温馨服务。

B

光大会展中心位于城区腹地，包括3万平方米展览会议场馆，4万平方米四星级宾馆以及办公楼、公寓楼及酒店式公寓，时刻以优质的服务、完善的配套设施，为客户提供绝佳的展览、会议等商务娱乐环境。

C

会展中心总面积一万余平方米，是集办公、展示、会务于一体的综合会务场馆，设立流动展示区和常年展示区，可为各类大型主题报告会、国际国内各类商务会议、产品发布、文艺演出等活动提供一流会议场馆。

D

国际会议中心占地3.2万平方米，除了经营一流的会展场馆外，舒适的休憩环境、错落相置的东西方风味餐厅、碧波荡漾的室内游泳池，也使这里成为展览、餐饮、住宿等各类活动的最佳场所。

第六课　商务考察

课前准备

1. 你有过商务考察的经历吗？
2. 如果你有机会到中国考察，你最想考察什么方面或什么地区？

一、考察介绍

商务词语准备

1	商务考察	shāngwù kǎochá		business tour
2	项目	xiàngmù	名	item
3	座谈	zuòtán	动	have an informal discussion
4	商务拜访	shāngwù bàifǎng		business visit
5	金融	jīnróng	名	financial, finance
6	证券交易所	zhèngquàn jiāoyìsuǒ		stock exchange
7	货币基金组织	huòbì jījīn zǔzhī		Monetary Fund
8	费用	fèiyòng	名	cost, expenses

对话

张秘书：于小姐，我想了解一下贵公司的赴美商务考察项目。

赴 fù go to a place

于小姐：好的。考察活动主要包括一些固定的培训、参观、座谈和商务拜访，也可以针对客人的具体需要为客人量身定做。

固定 gùdìng fixed

量身定做
liàng shēn dìng zuò
tailor made for sb.

张秘书：有哪些固定的安排？

于小姐：活动非常多，我只能举几个例子，比如在纽约大学金融学院接受培训，参观纽约证券交易所，与华盛顿货币基金组织座谈，商务拜访活动是由对方安排的，比较灵活。

灵活 línghuó flexible

张秘书：内容很丰富啊，而且和我们考察的目的也很接近。

接近 jiējìn be close

于小姐：我们的商务考察已经安排了多次，这些固定活动是比较经典的。

经典 jīngdiǎn classic

张秘书：那日程安排和费用呢？

于小姐：我们的考察一共15天，访问美国7个城市，每人的费用是三万六，包括培训费、签证费、机票和食宿。我这里有一份具体的行程安排和报价，请您过目。

签证 qiānzhèng visa
食宿 shísù
board and lodging

张秘书：好的，谢谢。

对话理解及练习

一、用所给的词语完成对话

1. A：这套西服穿在您身上，真是太合适了。

   B：_____。（为……量身定做）

2. A：你为什么不喜欢参加旅行团呢？

    B：_____。（由……安排）

3. A：和去年相比，今年的利润怎么样？

    B：_____。（和……接近）

二、用画线的词语回答下面的问题

1. 一天中，你在<u>固定</u>的时间做的固定的事情有哪些？
2. 你们国家有哪些<u>经典</u>文学作品？
3. 在你们国家如何获得中国的<u>签证</u>？
4. 如果到你居住的地区旅游，平均一天的<u>食宿费用</u>大约是多少？

三、根据对话内容与提示填写下表

赴美商务考察项目	
考察活动	1. 2. 3. 座谈（华盛顿货币基金组织） 4.
考察行程	访问_____，共_____天
考察费用	_____元/人，包括_____

四、小组活动

    请参加过商务考察的成员从以下几个方面向大家介绍自己的经历；请没有商务考察经历的成员从以下几个方面谈谈自己的要求和希望。

1. 考察时间
2. 考察目的
3. 考察行程
4. 考察费用
5. 考察活动
6. 考察收获

国际考察行业分类

保险行业	bǎoxiǎn hángyè
中小企业管理与发展	zhōngxiǎo qǐyè guǎnlǐ yǔ fāzhǎn
环境保护和能源开发	huánjìng bǎohù hé néngyuán kāifā
人力资源管理与开发	rénlì zīyuán guǎnlǐ yǔ kāifā
市场营销	shìchǎng yíngxiāo
现代企业管理培训	xiàndài qǐyè guǎnlǐ péixùn
企业财务管理培训	qǐyè cáiwù guǎnlǐ péixùn
会议展览业	huìyì zhǎnlǎn yè

二、参观工厂

商务词语准备

1	工厂	gōngchǎng	名	factory
2	管理层	guǎnlǐcéng	名	managerial personnel
3	技术	jìshù	名	technology
4	团队意识	tuánduì yìshi		team awareness
5	硬件设施	yìngjiàn shèshī		hardware facilities
6	厂房	chǎngfáng	名	factory building
7	仪器设备	yíqì shèbèi		apparatus
8	全体会	quántǐhuì	名	plenary meeting

对话

朱经理：徐总，我们考察了五家工厂，其中三优制造厂有很大优势。

优势 yōushì superiority

徐　总：哦？具体说说。

朱经理：他们的管理层懂专业，有头脑，有魄力，善于用人。

头脑 tóunǎo brains

魄力 pòlì courage, daring

徐　总：工人怎么样？

朱经理：大部分接受过专业培训，技术过硬，团队意识也很强。

过硬 guòyìng have a perfect mastery of sth.

徐　总：工厂的硬件设施呢？

朱经理：80%的厂房一年前维修过，只是一些仪器设备需要更新。

更新 gēngxīn update

徐　总：的确不错。这样吧，考察报告出来后我们开个全体会研究一下。

朱经理：好，我争取尽快完成报告。

语句理解及练习

的确+动词/形容词性成分

表示完全确实，用于对某种情况作出肯定。如：

(1) A：最近工作这么忙，你还有时间打球吗？

　　B：最近的确挺忙的，不过，每周一次的打球还得坚持啊！

(2) 刚才老王提出的问题的确值得我们注意。

用"的确"完成对话

(1) A：听说小王被公司开除了，是真的吗？

　　B：_____

(2) A：你们老板真是个工作狂！

　　B：_____

■ 对话理解及练习

一、用画线的词语回答下面的问题

1. 你觉得自己（/你们公司）在哪些方面具有<u>优势</u>？
2. 一个具有<u>团队意识</u>的人有哪些表现？
3. 你会经常<u>更新</u>你的电脑、手机等用品吗？

二、根据朱经理的汇报填写下表

三优制造厂考察表	
考察内容	情况及评价
管理层	
工人	
硬件设施	

三、讨论：请大家给下面这个人出出主意

　　"有个客户要求来考察我们的工厂，我想向大家请教一下，他们的重点会放在哪些方面？我们该在什么方面多加重视？我们工厂刚起步，规模很小，产品线也很单一，但是产品还是不错的，客户一般是大客户。目前对如何安排好这个考察，获得最佳效果，我比较困惑，请大家不吝赐教，谢了。"

三、开发区介绍

■ 商务词语准备

1	开发区	kāifāqū	名	development zone
2	软件	ruǎnjiàn	名	software
3	投资环境	tóuzī huánjìng		investment environment

| 4 | 跨国公司 | kuàguó gōngsī | transnational corporation |
| 5 | 外资企业 | wàizī qǐyè | overseas-funded enterprise |

短文

宁波经济技术开发区建于1984年10月，总面积29.6平方公里，是中国建区最早、面积最大的国家级开发区之一。

宁波经济技术开发区位于宁波市东北部，距离市中心约27公里。目前，开发区已经形成了良性循环的软硬件投资环境，吸引了近40个国家和地区的投资，一些世界著名跨国公司，如美国的埃克森美孚 (Exxon Mobil)、新秀丽(Samsonite)，法国的安盛集团(AXA)，日本的三菱 (Mitsubishi)，韩国三星(samsung)，泰国正大 (Chia Tai) 等已在此投资。截至2008年5月，共有外资企业1416家，总投资210亿美元，其中千万美元以上的大项目365个。

面积 miànji area

距离 jùlí be apart from

良性循环 liángxìng xúnhuán
virtuous circle

短文理解及练习

一、用指定的词语改写下面的句子

1. 在宁波经济技术开发区的外企中，有日本的三菱。（之一）

_____

2. 公司在北京的西北，从公司到市中心大概30公里。(位于，距离)

_____

3. 因为这家超市的商品价格低廉，所以有很多老年人来这里买东西。(吸引)

二、根据短文内容填写宁波经济技术开发区的情况

成立时间	
面积	
性质	
地理位置	
投资环境	
投资外企	
投资项目及金额	

三、小组讨论

1. 如果你到中国投资，会选择哪个城市或地区？为什么？
2. 你在投资时比较看重软件还是硬件？请说明理由。

一、听力练习：听录音，然后从ABCD四个选项中选出最恰当的答案

男士参加的活动是_____。

二、阅读练习：阅读ABCD四段短小的文字材料，然后判断哪个句子与哪段材料有关系

1. 台资企业占多数。
2. 出口高新技术产品的基地。
3. 最有发展潜力。
4. 澳大利亚邦迪是外资企业之一。

A

滨海新区位于天津东部沿海，面积2270平方公里，是最具潜力、最有活力的现代化经济新区。美国普洛斯物流总部、中粮集团300万吨油脂、日本永旺购物中心等一批项目成功落户；正在建设的5000万元以上的项目共360多个，总投资7000亿元。

B

威海火炬技术产业开发区成立于1991年，与107个国家和地区建立了经贸关系，先后引进三星、伊藤忠、三菱等多家世界500强跨国公司，被国家科技部和外经贸部认定为全国首批16个"高新技术产品出口基地"之一。

C

昆山经济技术开发区创办于1985年，1992年8月成为国家级开发区。截至2007年末，有来自欧美、日韩等41个国家和地区投资的1478个项目，其中投资额超过1000万美元的项目有462个。在众多投资商中，台资企业占65%，成为台商投资最密集的地区之一。

D

秦皇岛开发区是首批国家级经济技术开发区之一。目前已有美国、英国、德国、日本、澳大利亚、韩国、新加坡和中国香港、台湾等35个国家和地区的客商，包括美国通用电气、德国德玛格、澳大利亚邦迪等一大批世界500强企业、跨国公司在此投资兴业。

三、口语练习

　　　　中国的某家公司要去你们国家投资，请向他们推荐一个城市或地区。
要求说明：

1. 地理位置；

2. 投资环境；

3. 可投资的项目。

第七课 商业信函

课前准备

1. 你写过商业信函吗？
2. 什么时候需要用商业信函进行商业往来？

课 文

一、咨询打印机

商务词语准备

1	产品目录	chǎnpǐn mùlù		product catalog
2	价目表	jiàmùbiǎo	名	price list
3	提价	tíjià		raise the price
4	订单	dìngdān	名	order form

对话

新友公司：

　　我们在《亚洲周刊》上看到贵公司的广告，对其中的打印机很感兴趣。不过我们的打印量较大，不知贵公司有无合适的产品。

　　如果可以，请寄一份最新的产品目录和价目表给我们，我们会及时给予答复。

明华公司
2012年8月

明华公司：

　　我们很高兴收到您询问打印机的来信，现按您来信的要求附上我们最新的产品目录及价目表。

　　我们认为"98型"可以满足您的需要，只是这款机子重6.5公斤，比常见的打印机重一些。我们很乐意为您安排试用。

　　自今年三月以来，各种费用一直在上升，因此目前的库存售完后就很有可能提价。如果机子合适，我们建议您尽早下订单。

新友公司
2012年8月

满足 mǎnzú satisfy

乐意 lèyì be willing

建议 jiànyì suggest

短文理解及练习

一、下面的意思在短文中是怎么表达的

1. 不知道你们公司有没有这样的产品。
2. 你们最好早点儿下订单。
3. 我们会很快答复你们。

二、模仿例句，介绍图片中产品的规格

例：这款笔记本电脑约长34公分，宽25公分，高3公分，重2.6公斤。

| 1. 尺寸：约335.8 × 245 × 29mm | 2. 尺寸：347 × 224 × 194mm | 3. 尺寸：425.5 × 204 × 330mm |
| 重量：约2.6kg | 重量：4.7kg | 重量：3.91 千克 |

三、从 a－f 中分别选出明华公司信函和新友公司信函的主要内容，并按照在信中出现的顺序填在下面的空格内

a. 对来函表示高兴

b. 索要产品价目表

c. 提出建议

d. 提出购买意向

e. 提出特殊要求

f. 委婉地要求对方尽快决定

明华公司的信函：

1 _____ 2 _____ 3 _____

新友公司的信函：

1 _____ 2 _____ 3 _____

商业信函常用语（1）

我们对贵公司的……很感兴趣。 Wǒmen duì guì gōngsī de……hěn gǎn xìngqù.
请寄一份最新的附图产品目录和价目表。 Qǐng jì yí fèn zuì xīn de fùtú chǎnpǐn mùlù hé jiàmùbiǎo.

很高兴收到询问……的来信。 Hěn gāoxìng shōudào xúnwèn……de láixìn.	
现按您的要求附上…… Xiàn àn nín de yāoqiú fùshàng……	
我们将很乐意为您安排试用。 Wǒmen jiāng hěn lèyì wèi nín ānpái shìyòng.	
希望您尽早向我们下订单。 Xīwàng nín jǐn zǎo xiàng wǒmen xià dìngdān.	

二、试销雨衣

商务词语准备

1	经销	jīngxiāo	动	sell on commission
2	试销期	shìxiāoqī	名	trial period
3	退货	tuì huò		return (goods)
4	商业信用	shāngyè xìnyòng		commercial credit

短文

雨佳公司：

　　我们是一家经销防水衣的公司，最近有很多顾客询问过贵公司生产的雨衣。若质量和价格合适，你们的雨衣在这里会有不错的销量。如果你们能寄一批雨衣来，并同意给我们14天的试销期，我们将会感到非常高兴。未销出的产品将退还给你们，退货费用由我方承担。

　　盼早日赐复。

希望公司

承担 chéngdān undertake

赐 cì grant

希望公司：

　　三月十日的来函收悉，我们对贵方有意试销我们的雨衣表示由衷的高兴。

　　我们非常乐意寄出所需产品，但由于我们双方还未有过生意往来，可否请您提供一般的商业信用证明资料，或者是可查询的某家银行的名称。

　　希望这是我们双方长期合作的开始。

雨佳公司

来函 láihán a letter from sb.

收悉 shōuxī received

由衷 yóuzhōng from the bottom of one's heart

查询 cháxún inquire

语句理解及练习

未+动词性成分

表示没出现或没发生过某种情况。比较正式。常见搭配有"尚未、还未、仍未、从未"等。如：

（1）前一段时间，张总做了个手术，现在身体还未完全恢复。

（2）未经许可，不得入内。

用"未"完成下面的表达

（1）A：你和新达公司的张总认识吗？

　　　B：_____

（2）在任何考试中，我_____。

短文理解及练习

一、下面的意思在短文中是怎么表达的

1. 希望你们早日回信。
2. 我们会把没卖出去的货物退还给你们，退货的钱由我们来承担。
3. 我们已经收到了你们的来信。
4. 我们两家公司以前从来没做过生意。
5. 你们能不能提供商业信用证明？
6. 很高兴你们打算卖我们的产品。

二、从 a－f 中分别选出希望公司和雨佳公司信函的主要内容，并按照在信中出现的顺序填在下面的空格内

a. 简单的自我介绍
b. 对来信表示高兴
c. 提出具体的要求
d. 提出良好的愿望
e. 委婉地拒绝对方的要求并提出要求
f. 说明来信的意图

希望公司的信函：

1＿＿＿＿＿＿ 2＿＿＿＿＿＿ 3＿＿＿＿＿＿

雨佳公司的信函：

1＿＿＿＿＿＿ 2＿＿＿＿＿＿ 3＿＿＿＿＿＿

商业信函常用语（2）

如果你们能……，我们将会感到非常高兴。
Rúguǒ nǐmen néng……, wǒmen jiāng huì gǎndào fēicháng gāoxìng.

……费用由我方负担。
……fèiyòng yóu wǒfāng fùdān.
我们对……表示由衷的高兴。
Wǒmen duì……biǎoshì yóuzhōng de gāoxìng.
衷心希望这是我们双方长期愉快合作的开始。
Zhōngxīn xīwàng zhè shì wǒmen shuāngfāng chángqī yúkuài hézuò de kāishǐ.
请您提供……
Qǐng nín tígōng……
盼早日赐复。
Pàn zǎorì cìfù.

三、推迟发货

商务词语准备

1	生产设备	shēngchǎn shèbèi		production facility
2	货物	huòwù	名	cargo
3	制衣厂	zhìyīchǎng	名	clothing factory

短文

达华公司：

　　由于我厂的生产设备突发故障，原定于本月20日发往贵公司的货物将推迟三天发出，我们对可能给贵公司造成的损失深表歉意。希望能得到贵方的理解和原谅。

益达制衣厂

推迟 tuīchí
put off, postpone

损失 sǔnshī loss

歉意 qiànyì apology

原谅 yuánliàng
forgive, pardon

益达制衣厂：

　　来函收悉。如贵厂的货物推迟三天到达，我们将错过圣诞节最佳销售期，损失巨大。按照合同，我们应拒收22号之后到达的货物。不过，因为贵方多年来信用良好，我们可以在减价30%的条件下接收你们的货物。

　　敬请考虑，等待答复。

达华公司

错过 cuòguò
miss (an opportunity)

拒收 jùshōu reject

语句理解及练习

对……深表……

　　对某种情况表示歉意、不满、同情等情感。比较正式。常出现在"深表"之后的词语有"遗憾、关注、担忧、怀念、谢意、歉意、理解、同情"等。如：

　　(1) 我们对给您带来的不便深表歉意。

　　(2) 听说他被开除了，对此我深表同情。

用指定的词语完成下面的表达

　　(1) 今年的经济形势很不好，＿＿＿＿＿＿＿＿＿＿。（深表担忧）

　　(2) 赵总这么年轻就去世了，＿＿＿＿＿＿＿＿＿＿。（深表遗憾）

　　(3) 多亏有贵公司的帮助，＿＿＿＿＿＿＿＿＿＿。（深表感谢）

短文理解及练习

一、用画线的词语回答下面的问题

　　1. 你或你们公司遇到过突发情况吗？是怎么解决的？

　　2. 你会不会为了工作，推迟婚期（/探亲）？

　　3. 如果你的朋友做了对不起你的事情，你会原谅他吗？

　　4. 哪些情况会造成公司的经济损失？

二、用所给的词语改写下面的句子

1. 计划12号召开的全体会取消了。（原定于）

_____

2. 这次机会非常难得，你一定要抓住啊！（错过）

_____

3. 如果你们可以满足我们的要求，我们可以马上下订单。（在……的条件下）

_____

4. 你们好好考虑一下吧！（敬请）

_____

三、从 a－e 中分别选出益达制衣厂和达华公司信函的主要内容，并按照在信中出现的顺序填在下面的空格内

a. 表示歉意

b. 表示不满

c. 说明情况和原因

d. 引用合同内容

e. 提出条件

益达制衣厂的信函：

1_____ 2_____ 3_____

达华公司的信函：

1_____ 2_____ 3_____

商业信函常用语（3）

原定于……的……将推迟……	Yuán dìngyú……de……jiāng tuīchí……
我们对……深表歉意。	Wǒmen duì……shēnbiǎo qiànyì.
早日回复为盼。	Zǎorì huífù wéipàn.
敬请考虑。	Jìngqǐng kǎolǜ.

综合练习

一、词语练习：从ABCD四个词语中选择最恰当的词语填空

　　商业信函是____1____开展某项业务而写的，信文内容应紧紧围绕这一目标展开，不要涉及无关紧要的事情；也不必像私人信函____2____，写入问候的词语；回答对方的询问要有____3____性，不能答非所问。____4____商业信函涉及经济责任，所谈事项必须观点明确，说明清楚。例如____5____对方订货要求时，必须将商品的规格、性能、____6____货日期、价格与折扣条件、交货方式、经济责任等，一一交待清楚。

　　1. A 为　　　　B 如　　　　C 由　　　　D 将
　　2. A 那么　　　B 那样　　　C 一样　　　D 怎样
　　3. A 对于　　　B 对方　　　C 对策　　　D 针对
　　4. A 因此　　　B 由于　　　C 尽管　　　D 如果
　　5. A 答复　　　B 答应　　　C 回答　　　D 对答
　　6. A 订　　　　B 售　　　　C 进　　　　D 供

二、写作练习

　　1. 你想购买并经销香港某家玩具工厂生产的塑料玩具，请给这家工厂写一封信：
　　　a.介绍自己的公司　　b.说明意图　　c.希望得到具体的报价和资料
　　　要求：书信体；150字左右。

　　2. 你们公司至今未收到本应于15号到达的货物，请给对方写一封信：
　　　a.询问原因　　　b.表示不满　　c.要求对方履行合同
　　　要求：书信体；150字左右。

　　3. 下面是一家公司的来函，请写一封回函：
　　　a.表示感谢　　　b.提出建议　　c.敦促下单
　　　要求：书信体；150字左右。

大华公司：

　　我们在《商业信息报》上获悉贵公司是富士打印机的经销商，我们需要购买适合于家庭的小型打印机，不知贵公司有无此类商品。如果可以，请寄一份最新的附图产品目录和价目表给我们，我们会及时给予答复。谢谢！

　　　　　　　　　　　　　　　　　　　　　　　　　　　　发达公司

4. 下面是一家公司的来函，请写一封回函：

　　a. 表示感谢　　　　　　b. 要求对方提供信用证明　　　　c. 表示合作的希望

　　要求：书信体；150字左右。

明达制衣厂：

　　我们是一家经销各类服装的公司，很多顾客对贵厂生产的"力士"牌牛仔裤很感兴趣，相信你们的产品在这里会有很好的销路。在正式合作以前，我们希望先试销15天，如果你们同意并选一批牛仔裤寄来，我们将会感到非常高兴。在此期限结束时，任何未销出而我们又不准备库存的产品将退还给你们，退货费用由我方负担。

　　盼早日赐复。

　　　　　　　　　　　　　　　　　　　　　　　　　　　　新达公司

第八课 包装、物流和加盟

课前准备

1. 在购买商品时，你会在意商品的包装吗？
2. 在你居住的地区，有哪些物流公司和连锁店？

课文

一、包装

商务词语准备

1	老板	lǎobǎn	名	boss
2	系列食品	xìliè shípǐn		series food
3	小包装	xiǎo bāozhuāng		a pouch pack
4	纸质包装	zhǐzhì bāozhuāng		paper packing
5	防伪标志	fángwěi biāozhì		anti-fake label
6	成本	chéngběn	名	cost

对话

小刘：老板让咱们对新产品的包装提建议呢。

小李：新产品属于系列食品，就不用换包装了，便于消费者识别嘛。

小刘：可是以前的包装太普通了，我们应该趁推出新产品的机会也推出新包装。

小李：什么样的新包装？

小刘：一是独立的小包装，既卫生又便于携带；二是纸质包装，既安全又环保；第三就是增加防伪标志。

小李：可是这样做成本会很高啊！

小刘：成本的确会增加不少，但从长远来看，好的包装可以让我们的产品更上档次，更有竞争力啊。

小李：你的想法好是好，但恐怕老板最关心的还是成本。

属于 shǔyú belong to

识别 shíbié recognize

独立 dúlì independent

携带 xiédài carry

环保 huánbǎo
 environmental protection

竞争力 jìngzhēnglì
competitiveness

语句理解及练习

1. 便于+动词性成分

   表示比较容易做某事。如：
   (1) 这款打印机体积小巧，便于携带。
   (2) 每年公司都要举行几次联谊会，便于员工之间互相了解。

📝用"便于"完成句子

   (1) 我们把同类的商品放在一起，便于＿＿＿＿＿＿＿＿＿＿＿＿＿＿＿＿。

   (2) 产品说明书应翻译成英文，便于＿＿＿＿＿＿＿＿＿＿＿＿＿＿＿＿。

   (3) ＿＿＿＿＿＿＿＿＿＿＿＿＿＿＿＿，便于＿＿＿＿＿＿＿＿＿＿＿＿＿＿＿＿。

2. 趁

利用某一时间或机会做某事。如：

(1) 我们趁这个周末去郊外放松一下吧！

(2) 趁老板还没来，我先睡会儿觉。

📝**用"趁"表达下面的意思**

(1) 商场正在促销，你可以多买一些自己喜欢的商品。

_____

(2) 我想利用去上海出差的机会回一趟老家。

_____

📎**对话理解及练习**

一、用画线的词语回答下面的问题

1. 怎么<u>识别</u>正版与盗版图书？

2. 乘坐飞机时不能<u>携带</u>哪些物品？

3. 哪些材料是不<u>环保</u>的？

4. 如何提高产品的<u>竞争力</u>？

二、讨论

(一) 在对话中，小刘和小李对新产品的包装有不同的意见，你支持谁？你也可以提出自己的想法。

小刘的意见：_____

小李的意见：_____

你的意见：_____

(二) 作为消费者，你会从包装上来判断商品质量的优劣吗？

A. 会。理由：_____

B. 不会。理由：_____

三、说说以下各包装标志的含义

📦 包装常用词语

纸箱	zhǐxiāng
木条箱	Mùtiáoxiāng
泡沫塑料	pàomò sùliào
集装箱	jízhuāngxiāng
危险品	wēixiǎnpǐn
包装合格/完整/不良	bāozhuāng hégé/wánzhěng/bùliáng

二、物 流

商务词语准备

1	物流	wùliú	名	logistics
2	整车托运	zhěngchē tuōyùn		transportation of truckload
3	零担托运	língdàn tuōyùn		sporadic freight transportation
4	车皮	chēpí	名	railway wagon
5	运输	yùnshū	动	transportation
6	冷藏车	lěngcángchē	名	refrigerated vehicle
7	货运公司	huòyùn gōngsī		transport company

对话

张 秘 书：物流公司吗？我们公司有一批水果要发往吉林，我想咨询一下。

物流公司：您有多少货物？

张 秘 书：大概两三吨吧。

物流公司：那您走公路吧，走铁路不合算。

张 秘 书：可公路比较贵吧？

物流公司：是这样的，您的货物量不够整车托运，而且水果属于易腐货物，也不能按零担托运，要走铁路的话，恐怕得包一个车皮了，那价钱就高了。

张 秘 书：我明白了。公路运输的时间会比较长吧？

物流公司：您放心，我们可以提供冷藏车，而

批 pī　batch

吨 dūn　ton

合算 hésuàn　economical

易腐 yìfǔ　perishable

且我们与几十家货运公司有合作关系，可以保证您的货物安全、准时到达。

张秘书：这样吧，我把情况向公司汇报一下，然后再跟你们联系。

物流公司：好的。

语句理解及练习

按+名词性成分+动词性成分

表示依照某种原则、根据等做某事。如：

（1）一切都要按公司的规定办。

（2）员工的名单是按英文字母的顺序排列的。

用"按"回答下面的问题

（1）公司如何确定员工的奖金？

（2）超市里的商品是怎么摆放的？

（3）公园门票的不同票价是怎么制定的？

短文理解及练习

一、用画线的词语回答下面的问题

1. 除了"吨"以外，常用的重量单位还有哪些？

2. 在你居住的地区，买车和打车哪一个更合算？

3. 哪些商品属于易腐商品？

4. 货物的运输方式主要有哪些？

二、 下面是某物流公司在网上公布的申请运输单，阅读并试着填入相关信息

发货人(SHI):			电话(TEL):	
传真(FAX):	
联系人(PIC):			邮件地址(E-MAIL):	
起运地(POL):			启运日期(ETD):	
目的地(POD):			运输方式(MODE OF TRANSPORT):	

品名(Commodity)	数量(Quantity)	尺码(Dim)	毛重(GWT)	净重(NWT)
		备注(REMARKS):		

确认　　重填

三、 讨论后填表：比较下面几种不同的运输方式

运输方式	特点	适合于何种情况
公路		
铁路		
海路		
空中		

货物运输常用词语

提货单	tíhuòdān
目的口岸	mùdì kǒu'àn
转运口岸	zhuǎnyùn kǒu'àn
分批装运	fēnpī zhuāngyùn
卸货	xiè huò
发货	fā huò
交货期限	jiāohuò qīxiàn
货主	huòzhǔ
净重	jìngzhòng
毛重	máozhòng

三、加 盟

商务词语准备

1	加盟	jiā méng		become a franchisee
2	转让	zhuǎnràng	动	transfer the possession of
3	营运	yíngyùn	动	operate
4	房产租赁	fángchǎn zūlìn		housing rent
5	支付	zhīfù	动	pay money
6	经营者	jīngyíngzhě	名	operator
7	合伙人	héhuǒrén	名	partner

短文

目前肯德基在中国的加盟方式是转让营运两

年以上的成熟餐厅，转让费为800万，包括餐厅设备、装修、人员等，但不包括餐厅的房产租赁费用，并要在转让餐厅前一次性支付。一般的加盟期是十年。加盟者可以由个人单独申请，也可以由主要经营者与合伙人共同申请，但他们都需要接受肯德基的了解与调查，并得到加盟委员会的认可。另外，加盟者还必须在肯德基提供的地区范围内，有限制地选择餐厅的位置。

成熟 chéngshú mature

单独 dāndú on one's own

共同 gòngtóng together

限制 xiànzhì restrictions

短文理解及练习

一、选词填空

单独　　　　　独立

1. 对不起，我可以跟小刘（　　　）谈一谈吗？

2. 这个人从小就很（　　　），很难接受别人的意见。

3. 1937年汽车部正式从丰田自动织机制作所中（　　　）出来，成立了丰田汽车工业公司。

二、根据短文内容填写下表

关于加盟肯德基餐厅的说明	
加盟方式	
加盟费	
加盟期	
加盟者	
餐厅位置	

三、分组调查

3至4人一组，假设你们要合伙加盟一家连锁店（超市、快餐店、美容店、图片社等），根据下表的内容，对所在地区进行调查，然后填写加盟计划表。

申请人加盟区域资料

1. 加盟区域基本资料

    A. 加盟区域名称_____，人口数_____人，男女比例分别为_____%和_____%。

    B. 当地人口特征：以_____（职业）为主，占_____%；_____（职业）占_____%；其他人占_____%。

    C. 当地人均收入：人民币_____元/月。

    D. 当地人消费习惯_____

    E. 当地市场对此类服务的需求：□非常大　□不太大　□其他

    F. 当地有无此类店铺的设立：□有（数量：_____间）　□没有

2. 该区域竞争对手情况

    （1）对手名称_____，店面位置：□好　□一般　□差，经营面积_____，销售情况_____

        目前在当地的影响_____

    （2）对手名称_____，店面位置：□好　□一般　□差，经营面积_____，销售情况_____

        目前在当地的影响_____

    （3）对手名称_____，店面位置：□好　□一般　□差，经营面积_____，销售情况_____

        目前在当地的影响_____

3. 请列出三个当地最佳开店路段，以及预算月销售。

    A. 开店路段_____，每月预算销售_____元。

    B. 开店路段_____，每月预算销售_____元。

    C. 开店路段_____，每月预算销售_____元。

申请人加盟计划

1. 申请人开店意向

   A. 意向店铺地址 _____ ，面积_____ m²，月租金_____元。

   B. 由筹备到开业需要：□1~2个月　□3~4个月　□5~6个月　□半年以上

   C. 开店日期_____年_____月

2. 申请人目前准备投入的资金是：（独资经营申请人填写）

   □1万元~2万元　　　　□3万元~5万元　　　　□6万元~10万元

   □11万~19万元　　　　□20万元（包括20万元）以上，其中自有资金_____，贷款资金_____。

3. 若申请人为合伙经营，则共有合伙人_____人，总共注资_____元。

   合伙人姓名分别为_____、_____、_____。

   （按以上顺序）分别投入资金_____、_____、_____。

   （按以上顺序）资金比例分别为_____、_____、_____。

加盟常用词语

连锁店	liánsuǒdiàn
直营店	zhíyíngdiàn
加盟店	jiāméngdiàn
门店	méndiàn
招商	zhāoshāng

综合练习

一、听力练习：听录音，然后从ABCD四个选项中选出最恰当的答案

1. 关于中华鸡的规模，下面说法正确的是_____。
   A. 有3家加盟店　　　　　　　B. 有3家直营店
   C. 有20家加盟店　　　　　　　D. 有20多家直营店

2. 为了加强管理，中华鸡_____。
   A. 准备设立统一的配送中心　　B. 规定加盟店没有决策权
   C. 要求加盟店加强人才培养　　D. 统一了生产原料的来源

3. 中华鸡新店的定位是_____。
   A. 地价较低的地段　　　　　　B. 学校集中的地段
   C. 年轻消费者　　　　　　　　D. 普通消费者

二、词语练习：从ABCD四个词语中选择最恰当的词语填空

　　　在当前国际市场竞争十分激烈的情况___1___，许多国家都把改进包装作为加强对外销售的重要手段之一，___2___良好的包装可以保护商品，而且还能宣传、美___3___商品，吸引顾客，扩大销路，并在一定程度上显示出口国家的科学、文化、艺术水平。___4___，包装条件是买卖合同中的一项主要条件，某些国家的法律规定，如卖方交付的货物未___5___规定的条件包装，买方有权___6___。

1. A 中　　　　B 上　　　　C 下　　　　D 内
2. A 所以　　　B 不仅　　　C 虽然　　　D 因为
3. A 容　　　　B 观　　　　C 化　　　　D 感
4. A 不过　　　B 其中　　　C 因此　　　D 那么
5. A 用　　　　B 按　　　　C 据　　　　D 把
6. A 拒收　　　B 发货　　　C 赔偿　　　D 退款

三、口语练习

你打算在某地开设一家超市，请从以下几个方面说明理由：

1. 当地的消费水平、消费习惯；

2. 竞争对手的情况；

3. 你的超市的特色。

四、阅读练习：阅读ABCD四段短小的文字材料，然后判断哪个句子与哪段材料有关系

1. 提供航空快递业务。

2. 可运输规格超过标准的货物。

3. 提供拆装家具的服务。

4. 提供加急服务。

5. 夜间也可提供服务。

A

京铁运输为您提供方便快捷的服务：普货、加急货物、大件货物运输；行李运送，异地搬家；上门提货，送货到家；提供木箱，纸箱等各种包装服务。

B

顺通货运为您提供专业货物运输服务，公司备有大、中、小型全封闭拖车，直达全国各地。受理航空快递，长短途搬家服务，并提供木箱、纸箱包装。

C

四通搬家公司成立十年，拥有车辆170余部。主营：搬家、货运、仓储配送、家具空调拆装、钢琴搬运、大件起重。24小时服务。

D

周平货运公司承接各类超高、超宽、超长、超重大件设备公路运输业务，提供长、短途货运，工厂搬家等物流服务。速度快捷，价格合理，保证安全。

第九课 谈 判

课前准备

1. 要想在谈判中取得成功，最重要的因素是什么？
2. 在谈判过程中可能会遇到哪些问题？

课文

一、谈判前

商务词语准备

谈判	tánpàn	动、名	negotiation, negotiate

短文

　　实践证明，轻松、融洽的谈判环境比紧张的气氛更有利于互相理解和友好合作。因此，在双方进入谈判主题之前，可以花一点儿时间聊聊双方感兴趣的话题，或者随意聊聊天气等无关紧要的话题，为正式谈判打下良好的基础。例如："离上次我们见面有一段时间了，那次在网球场

实践 shíjiàn practice

融洽 róngqià harmonious

随意 suíyì at will

无关紧要 wúguān jǐnyào
be nothing serious

基础 jīchǔ foundation

真是很开心。"这样的表达能很快拉近双方的距离。再比如："很高兴我们又见面了，上次合作非常愉快，希望我们的合作再次成功。"这样的话表达了已方的积极态度，同时也赞美了对方，对营造融洽的气氛是很有好处的。

赞美 zànměi praise

营造 yíngzào build

语句理解及练习

有利于

表示"对……有利益上的好处"。比较正式。还可以说"对……有利"。否定式为"不利于"。如：

（1）改革将有利于公司的长远发展。

（2）你这种不信任的态度不利于双方的合作。

用"有利于"或"不利于"完成句子

（1）降低产品的价格＿＿＿＿＿＿＿＿＿＿＿＿＿＿＿＿＿＿＿＿＿。

（2）经常与员工沟通＿＿＿＿＿＿＿＿＿＿＿＿＿＿＿＿＿＿＿＿。

（3）这种干旱天气＿＿＿＿＿＿＿＿＿＿＿＿＿＿＿＿＿＿＿＿＿。

短文理解及练习

一、用画线的词语回答下面的问题

1. 商场是如何<u>营造节日气氛</u>的？

2. 你和同学（/同事/家人）的关系<u>融洽</u>吗？

3. 请说几句<u>赞美</u>别人的话。

4. 你什么时候会觉得很<u>紧张</u>（/<u>轻松</u>）？

二、从短文中找出下列词语的反义词

紧张——　　　不快——　　　消极——　　　重要——

三、讨论

（一）下面的话题适合于在谈判前谈论吗？说明理由。

    1. 天气

    2. 爱好

    3. 家庭

（二）除了上述话题以外，还有哪些话题适合于谈判前？

    4.

    5.

    6.

四、角色扮演

两个人一组，分别作为谈判的甲方和乙方，从"练习三"适合于谈判前的话题中选取一个，进行模拟对话。

谈判前常用语

很高兴我们又见面了，上次的合作非常愉快。 Hěn gāoxìng wǒmen yòu jiàn miàn le, shàng cì de hézuò fēicháng yúkuài.
希望我们的合作再次成功。 Xīwàng wǒmen de hézuò zàicì chénggōng.
我对上次的合作记忆犹新。 Wǒ duì shàng cì de hézuò jìyì yóuxīn.
您给我们留下了深刻的印象。 Nín gěi wǒmen liúxiàle shēnkè de yìnxiàng.
今天的天气真不错啊，希望我们的合作像今天的天气一样！ Jīntiān de tiānqì zhēn búcuò a, xīwàng wǒmen de hézuò xiàng jīntiān de tiānqì yíyàng!
好久不见，您还是那么年轻！ Hǎo jiǔ bújiàn, nín háishì nàme niánqīng!

二、谈判中

商务词语准备

1	买方	mǎifāng	名	buyer
2	同类产品	tónglèi chǎnpǐn		congeneric product

短文

　　在谈判过程中，双方都希望在合作的前提下使己方的利益最大化，这不仅需要"晓之以理"，有时更需要"动之以情"。比如，双方在价格上始终未能达成一致，卖方坚持卖价不能再低，买方却不愿出更高的价格。这时买方的谈判者可以说："这是我们现在可以接受的最高价格了。虽然市场上还有很多同类产品，但是贵公司的每一件产品都能让我们的顾客满意，所以我们非常希望能与你们合作。"这既表明了己方的态度，又真诚地赞美了对方，谈判就可能顺利进行下去。

前提 qiántí premise

利益 lìyì interest

晓之以理 xiǎo zhī yǐ lǐ instruct sb. with sound reasons

动之以情 dòng zhī yǐ qíng touch one's hearts with love

达成 dáchéng reach (agreement)

真诚 zhēnchéng sincere

语句理解及练习

1. ……化

"化"加在名词或形容词之后构成动词，表示转变成某种性质或状态。如：
(1) 今年年初，各个车间都实现了自动化生产。
(2) 经过美化，我们的厂区变得像花园一样漂亮了。

用所给的词语改写下面的句子

(1) 他的病情越来越厉害了。（恶化）

（2）从明年开始，公司一年一次的培训将成为一种制度。（制度化）

_____

（3）今年出台的新规定将更加合理、更加人性。（合理化、人性化）

_____

2. 动词+下去

表示从现在继续到将来。如：

（1）不管在工作中遇到什么困难，你都要坚持下去。

（2）刚才你说到哪儿了？请继续说下去吧！

📝 用"动词+下去"表达

（1）希望能与对方继续合作：

_____

（2）不喜欢现在的公司，想跳槽：

_____

📋 短文理解及练习

一、在谈判过程中，在下面的情境中如何恰当地表达

1. 拒绝别人的要求。
2. 不同意别人的看法。
3. 提出自己的看法。
4. 坚持己见。
5. 做出让步。

二、讨论

1. 谈谈对"晓之以理，动之以情"的理解。

2. 在谈判过程中可能会发生哪些不愉快的情况？请提出具体的解决办法。

谈判过程中的情况	解决办法
双方发生争执	
谈判出现僵局	
对手中有你的好朋友	

三、假设你是谈判的一方，试着回答下面的问题

1. 你通常是否先准备好，再进行商谈？
2. 你面对直接的冲突有何感觉？
3. 你是否相信谈判时对方的话？
4. 你是否能适当表达自己的观点？
5. 你是不是一个很好的倾听者？
6. 假如一般公司都照着定价加 5%，你的老板却要加 10%，你会怎么做？
7. 你认为自己是不是一个谨守策略的人？
8. 你是否能广泛地听取各方面的意见？
9. 你对于行为语言的敏感程度如何？
10. 你是不是一个有耐心的商谈者？

谈判中常用语

这已经是我们公司的底线了。 Zhè yǐjīng shì wǒmen gōngsī de dǐxiàn le.
对我方的建议，你们能否再考虑一下？ Duì wǒfāng de jiànyì, nǐmen néngfǒu zài kǎolǜ yíxià?
我们已经做出了让步，希望你们也能…… Wǒmen yǐjīng zuòchūle ràngbù, xīwàng nǐmen yě néng……
再这样谈下去恐怕就没有什么意义了。 Zài zhèyàng tán xiaqu kǒngpa jiù méiyǒu shénme yìyi le.
我能否打断一下…… Wǒ néngfǒu dǎduàn yíxià……

三、谈判结束

商务词语准备

1	协议	xiéyì	名	treaty
2	生意场	shēngyìchǎng	名	business market

短文

> 　　谈判结果通常有两种：成功和失败。成功时，可以说"很高兴我们最终达成了协议"、"希望我们今后的合作也一样愉快"。这些情感语言表达了对成功的愉快心情，有利于今后的合作。当谈判失败时，"很遗憾，我们最终没能达成协议"、"尽管在生意场上我们是对手，不过从个人的角度，我很钦佩您"等情感语言会使你显得很有风度。即使这次真的无法合作下去了，将来某一天也还有机会成为对手或伙伴。

遗憾 yíhàn　regret

角度 jiǎodù　point of view

钦佩 qīnpèi　admire

语句理解及练习

即使……，也……

　　"即使"后的小句表示一种假设，"也"后的小句表示不受此假设影响的情况。全句的意思表示某种假设的出现不会影响某种情况的存在或继续。如：
　　（1）在公司，有的事情即使你不愿意做，也必须去做。
　　（2）我很爱他，即使父母不同意，我们也会结婚。

用"即使……，也……"表达

　　（1）鼓励受到挫折的朋友：

　　　＿＿＿＿＿＿＿＿＿＿＿＿＿＿＿＿＿＿＿＿＿＿＿＿＿＿＿

　　（2）说明一个人非常内向：

　　　＿＿＿＿＿＿＿＿＿＿＿＿＿＿＿＿＿＿＿＿＿＿＿＿＿＿＿

　　（3）表示你不想参加晚会的决心：

　　　＿＿＿＿＿＿＿＿＿＿＿＿＿＿＿＿＿＿＿＿＿＿＿＿＿＿＿

短文理解及练习

一、猜猜下面的词语是什么意思

    1. 职场

    2. 名利场

    3. 官场

    4. 逢场作戏

二、用画线的词语回答下面的问题

    1. 在工作（/生活/学习）中，你有没有什么<u>遗憾</u>？

    2. 请你用一个词来<u>形容</u>（/比喻）<u>生意场</u>。

    3. 你<u>钦佩</u>什么样的人？

    4. 举例说明什么样的人是<u>有风度</u>的人。

谈判结束常用语

很遗憾，我们最终没能达成协议。 Hěn yíhàn, wǒmen zuìzhōng méinéng dáchéng xiéyì.
希望我们下次能有机会合作。 Xīwàng wǒmen xià cì néng yǒu jīhuì hézuò.
很高兴我们最终达成了协议。 Hěn gāoxìng wǒmen zuìzhōng dáchéngle xiéyì.
希望我们今后的合作也一样愉快。 Xīwàng wǒmen jīnhòu de hézuò yě yíyàng yúkuài.
真没想到我们的谈判如此顺利。 Zhēn méi xiǎngdào wǒmen de tánpàn rúcǐ shùnlì.

综合练习

一、听力练习：听录音，根据录音内容填空

谈判的准备主要包括四件事：

市场＿＿＿＿1＿＿＿＿：通过问卷、走访、座谈等形式，获得相关数据；

情报＿＿＿＿2＿＿＿＿：尽量扩大情报收集的范围，也要注意对自身情报的
　　　　　　　　　　　　保密；

资料＿＿＿＿3＿＿＿＿：需要养成一种良好的习惯，以便随时可以查找

人员＿＿＿＿4＿＿＿＿：成立相应的谈判小组。

二、词语练习：从ABCD四个词语中选择最恰当的词语填空

　　　价格＿＿＿1＿＿＿不是谈判的全部，但毫无疑问，有关价格的讨论仍
然是谈判的主要部分，在＿＿＿＿2＿＿＿＿一次商务谈判中，价格的协商通常
会＿＿＿3＿＿＿70%以上的时间，很多没有结果的谈判也是因为双方在价格
＿＿＿4＿＿＿的分歧而导致的。简单来说，作为卖方希望以较高的价格成交，作
为买方则期盼以较低的价格合作，这是一个＿＿＿5＿＿＿规律。虽然听起来很容
易，但在＿＿＿6＿＿＿谈判中做到双方都满意却是一件不简单的事情。

　　1. A 无论　　　B 尽管　　　　C 不管　　　D 由于
　　2. A 所有　　　B 凡是　　　　C 任何　　　D 每个
　　3. A 在　　　　B 有　　　　　C 占　　　　D 为
　　4. A 上　　　　B 下　　　　　C 中　　　　D 内
　　5. A 普遍　　　B 普通　　　　C 通常　　　D 经常
　　6. A 实践　　　B 实用　　　　C 实际　　　D 实在

三、阅读练习：阅读ABCD四段短小的文字材料，然后判断哪个句子与哪
　　段材料有关系

1. 谈判是一个非常复杂的行为。

2. 处理好情感冲突在谈判中很重要。

3. 价格并不是谈判中最主要的。

4. 在实际谈判中，很难实现双赢。

5. 谈判规则要让对方能够接受。

A

　　谈判中最大的误区就是认为价格是谈判中的主导，其实许多其他因素对买方也很重要，如果你解决了其他所有问题，最后只剩下价格谈判，那么结果只能是一输一赢。如果多留几个问题，你就总能找到交换条件达成公平交易。

B

　　在谈判中寻求合作结果的双方必须按双方都能接受的规则行事，这就要求谈判者以真实的面目出现在谈判的每一环节中。但由于谈判的利己性，使得本来就很复杂的谈判行为变得更加真真假假，难以识别。

C

　　谈判的目的是要达成双赢。然而在现实生活中，一个要用橘子肉榨汁，而另一个要用橘子皮烤蛋糕的情况毕竟太少见了。实际上，谈判跟下棋一样必须遵守一套规则，不过其最大的区别在于，谈判时对方不知道这些规则，只能预测你的棋路。

D

　　有经验的谈判专家建议，处理谈判中的情感冲突，不能采取面对面的硬式方法。采取硬式的解决方法往往会使冲突升级，反而不利于谈判的继续进行。因此，如何处理好谈判者的不良情绪，对今后双方的进一步合作有深远的影响。

第十课　文化差异

课前准备

1. 在与外国人的交往中，你遇到过文化差异带来的问题吗？
2. 不同地区或国家的文化差异对商务活动会有哪些影响？

课　文

一、关系和面子

商务词语准备

谈判桌	tánpànzhuō	名	conference table

短文

　　中国人的东方气质决定了他们要谈成一桩生意更在乎的是周围人的看法。左右逢源是最好不过的，这就是中国人所说的"关系"。通常，"关系"表现为中国人力求与谈判对手建立某种特殊关系，他们友好地欢迎外国人，这有利于缓和谈判出现分歧时的气氛。

左右逢源 zuǒ yòu féng yuán
be able to achieve succes one way or another

力求 lìqiú strive to

建立 jiànlì establish

缓和 huǎnhé relax

分歧 fēnqí divergence

与"关系"紧密相连的是"面子"，这反映了中国人对自尊的敏感度。任何不得当的行为和言语都有可能让人"丢面子"。因此，如果一个西方人在谈判桌前使中国人感到丢"面子"，那么谈判就很有可能以失败告终。

自尊 zìzūn self-esteem

敏感 mǐngǎn sensitive

语句理解及练习

最+形容词+不过

表示程度最高的。比较口语化。如：
(1) 在这个房间欣赏海景最合适不过了。
(2) 周末睡个懒觉是最舒服不过的事了。

用"最……不过"完成下面的对话

(1) A：你喜欢吃什么菜？

B：_____

(2) A：公司里谁了解新达公司的情况？

B：_____

短文理解与练习

一、用画线的词语回答下面的问题

1. 一个人怎么做才能"左右逢源"？说说你的看法。
2. 在谈判中，谈判双方力求达到什么结果？
3. 如何与一家从未交往过的公司建立关系？
4. 如何才能缓和自己的紧张情绪（/与别人的矛盾）？
5. 与比较敏感的人交往时，应该注意什么？

二、读下面的句子，猜猜句子中带有"面子"的词语是什么意思

1. 中国人都<u>爱面子</u>。

2. 让家人<u>丢面子</u>的事你最好别做。

3. 他说话从不<u>给人留面子</u>。

4. 穿这么便宜的衣服去参加晚会，<u>太没面子</u>了！

5. 出了这样的事情，父母的<u>面子往哪儿放</u>？

6. 李经理，你<u>看在我的面子上</u>，能不能帮帮忙啊？

7. 借了这么多钱办喜事，我觉得是<u>死要面子活受罪</u>。

8. 还是你的<u>面子大</u>，我说了半天他都不听。

三、调查

2至3人一组，分别从以下几个方面对中国人的面子进行调查。调查结果需要说明：

（一）中国人要面子表现在哪些方面？

（二）具体的表现是什么？

1. 衣着打扮：_____

2. 待人接物：_____

3. 教育子女：_____

4. 购买商品：_____

5. 表达方式：_____

6. 其他方面：_____

二、宴请招待

 短文

为了欢迎远道而来的客人，中国人喜欢在酒店举行宴会，而且宴席上摆满了<u>山珍海味</u>，还有

宴会 yànhuì banquet

99

着各种数不清的礼节。比如，热情的中国人常常给客人敬烟、敬酒，有时会用筷子往客人的碗里夹菜，还用各种办法劝客人多吃菜、多喝酒。而在西方国家，人们讲求尊重个人权益和个人隐私，所以吃饭的时候，绝不会硬往你碗里夹菜，自己想吃什么就吃什么。除了宴请，中国人还会安排客人去游览名胜古迹，把客人每天晚上的时间都安排得满满的。请注意，这是中国人情感的自然流露，同时也是谈判的一个组成部分。

宴席 yànxí（banquet）table

山珍海味 shān zhēn hǎi wèi
  delicacies of every kind

劝 quàn urge

权益 quányì rights and interests

隐私 yǐnsī privacy

流露 liúlù reveal, revelation

语句理解及练习

硬+动词性成分

表示做某事的态度非常坚决。比较口语化。如：
(1) 我不想去，可是大家硬让我去。
(2) 结账时，小张硬要付钱请我们。

用"硬"表达下面的意思

(1) 大家都反对他们的婚事，可是他们就是不听。

_____

(2) 晚上的宴会我不想参加，可经理一定让我去。

_____

短文理解及练习

一、用画线的词语回答下面的问题

1. 对你来说，什么是山珍海味？
2. 在你们国家的宴席上，有哪些需要注意的礼节？

3. 你知道在宴席上怎么<u>劝</u>吃劝喝吗？

4. 你会把自己好或不好的心情<u>流露</u>出来吗？

二、比较你们国家和中国的商务宴会在礼节上的异同

中国	你们国家
劝吃、劝喝	
敬烟、敬酒	
给客人夹菜	

三、以下几个方面是不是中国人的隐私？在你们国家，人们的隐私有哪些？

1. 年龄

2. 家庭情况

3. 婚恋情况

4. 家庭住址

5. 电话号码

6. 收入

7. 政治派别

8. 宗教信仰

9.

10.

四、在接待生意伙伴时，哪些是在你们国家通用的方式？通常安排在什么时间进行？

1. 机场接机

2. 安排住宿

3. 设宴招待

4. 观光游览

5. 娱乐活动

6. 其他方式

三、"推磨"阶段

商务词语准备

商务访问	shāngwù fǎngwèn	business visiting

短文

作为一个与中国人打了多年交道的外国人，我认为中国人不像西方人那样看重时间。因为，当初来乍到时的宴会和游览告一段落后，我们的商务访问就会进入漫长的"推磨"阶段。尽管我们一再保证提供世界上最好的设备及其技术支持，但令人意外的是，我们的中国伙伴却不急于进入正题，反而会问我们住得怎么样，吃得怎么样，宴会怎么样，喜不喜欢前一天看的杂技表演等等。一句话，除了给我们一部分中国市场之外，中国伙伴好像愿意同我们讨论任何事情。我们感到很失望，因为我们原想尽快带着订单或者合同踏上归途。

打交道 dǎ jiāodao
make contact with

初来乍到 chū lái zhà dào
be new in a place

告一段落 gào yī duànluò
to an end, endless

漫长 màncháng very long

推磨 tuī mò make the mill go

保证 bǎozhèng ensure

正题 zhèngtí subject of a talk or essay

杂技 zájì acrobatics

踏 tà step on

归途 guītú one's way home

语句理解及练习

反而

用于引出因出乎预料和常情而与上文意思相反的内容。如：
(1) 小李被公司开除了，他反而很高兴，因为他早就不想干了。
(2) 已经是秋天了，天气反而比夏天还热。

用"反而"表达下面的意思

(1) 利好消息不断 ⟶ 股市暴跌

(2) 商品降价促销 ⟶ 销售量下降

(3) 不努力工作 ⟶ 升职

短文理解及练习

一、用短文中的表达改写句中画线的部分

1. 我<u>刚来</u>，对公司的很多情况都不太熟悉。

2. 我们和明达公司<u>没什么来往</u>。

3. <u>让我们没想到的是</u>，小刘居然通过了面试。

4. 张经理，您放心吧，我明天<u>一定</u>完成报告。

5. 今年的培训工作就要<u>结束</u>了。

6. 时间过得真快，明天我就要<u>回国</u>了。

二、根据你的理解，谈谈短文中所说的"我们的中国伙伴却不急于进入正题，反而会问我们住得怎么样，吃得怎么样，宴会怎么样，喜不喜欢前一天看的杂技表演等等"的原因是什么

三、讨论

(一) 中国人做生意的方式与你的国家有什么不同？可举例说明。

(二) 说说中国与你们国家的文化差异。

(三) 如何解决文化差异给商务活动造成的冲突和矛盾？

与做生意有关的俗语

和为贵	hé wéi guì
来而不往非礼也	lái ér bù wǎng fēi lǐ yě

知己知彼	zhī jǐ zhī bǐ
礼尚往来	lǐ shàng wǎng lái
有朋自远方来，不亦乐乎	yǒu péng zì yuǎnfāng lái, bú yì lè hū
一回生，二回熟	yì huí shēng, èr huí shú

综合练习

一、听力练习：听录音，然后从ABCD四个选项中选出最恰当的答案

1. 在与德国人的谈判时，中方犯了什么错误？

    A. 没有按时到达会议室　　　　B. 没有站起来表示欢迎

    C. 没有穿着正式的服装　　　　D. 没有听懂对方的意思

2. 在与伊朗商人的交往中，这位英国人没有注意到两国在_____上的不同。

    A. 语言表达　　B. 手势意义　　C. 政治见解　　D. 宗教信仰

二、词语练习：从ABCD四个词语中选择最恰当的词语填空

    中国人_____1_____谦虚，在与人交际时，讲求"卑己尊人"。在别人赞扬我们时，我们往往会自贬一番，来_____2_____谦虚有礼。而西方国家却没有这样的文化习惯，当他们受到赞扬_____3_____，总会很高兴地说一声"谢谢"。由于中西文化差异，我们认为西方人过于自信，而当西方人听到中国人这样_____4_____别人对自己的赞扬，_____5_____把自己贬得一文不值时，会感到非常惊讶，认为中国人不诚实。

    1. A 重要　　　B 注意　　　C 注重　　　D 在意

    2. A 说明　　　B 表示　　　C 保证　　　D 流露

    3. A 时候　　　B 时　　　　C 时间　　　D 时期

    4. A 拒收　　　B 消极　　　C 反对　　　D 否定

    5. A 甚至　　　B 不过　　　C 那么　　　D 所以

三、阅读练习：阅读下面的短文，从ABCD中选择正确的答案

中国是神秘的，由于距离和语言的原因，同中国做生意对于许多人而言是遥不可及的事情。不过按照墨西哥驻中国大使胡安·何塞·林的说法，同中国人做生意、签合同或做项目也有秘诀和特殊之处。以下是这位前商务参赞给准备进军中国市场的企业家们的建议。

初次见面，无论是在会议、展览或是谈判桌上，交换名片是必不可少的。"对于一般中国人而言，名片不仅像西方一样表明职务，而且能说明这个人完整的历史：过去担任过何等职务，现在是什么职务，将来可能怎样。与他们开展工作时没有准备名片可不是个好主意。

东方的商人们谈判时喜欢"集体"参与。这与西方惯例不同，墨西哥人偏向于"一对一"，而中国人向来是大家一起谈。此外，谈判桌上的座次通常由参与人员的职务决定。

他还提到中国人谈生意很少直接切入主题，之前往往会就一些不相干的话题寒暄几句。"中国商人从不像我们的美国邻居那样冷冰冰地谈生意"。

林说，初次见面就谈妥生意在中国比较少见。这里的商业文化要求双方通过多次协商才能确定合同中的所有方面。此外他还提醒，"不要坐等情况变化，他们会反复考虑，很可能要求再次举行会谈"。

发展"关系"非常必要。中国所谓的"关系"主要是指人们的一种交往方式，这个词语用以形容交易双方的相处方式及其相应的人际关系网。林说："'关系'并不特指某人或某种神秘的物质，但这的确是中国短时间内在世界各个市场取得成功的关键。许多中国商人通过'关系'发展他们的生意。"

    1. 这篇文章的主题是：_____
    A. 在中国做生意关系很重要
    B. 中国人和美国人做生意的不同
    C. 和中国人谈生意很不容易
    D. 在中国做生意要注意哪些方面

2. 谈生意时，中国人喜欢：_____

    A. 个人和个人谈判

    B. 很快做出决定

    C. 先寒暄再谈生意

    D. 按年龄安排座位

3. "不相干"在文章中的意思是：_____

    A. 没有关系

    B. 没有兴趣

    C. 没有影响

    D. 没有主题

听力录音文本

第一课

1. 从价格指数走势来看，1月至5月，市场价格指数下跌幅度较大，5月至7月，下跌幅度相对较小，但是在7月份降至本年度的最低点。此后，价格指数出现反弹，但是11月份价格指数再度下跌。

2. 报告显示，13%的中国家庭接入了互联网，中国网民在家上网的比例达到73%。此外，网吧已成网民的第二大上网场所，首次超过在单位上网。另外，中国网民还不太习惯让互联网充当生活助手——仅有15%的网民通过网络寻找工作，25.5%的网民使用网络购物，仅有3.9%的人进行网上旅行预定，约五分之一的网民涉足网上炒股和网上银行。

第二课

1. 小而薄，圆形，塑料材料，可放入电脑内作为存储的设备。
2. 薄而硬，长方形，多为塑料材质，可存入现金。
3. 圆柱形，金属材料，用作饮料的容器。

第三课

什么是产品的定位？企业如何找到一个产品专属的字眼儿，让它深入人心，这就是定位。它是产品独特的卖点，是与众不同的核心竞争力的表现。产品的独特卖点因产品而异，举例来说主要有以下几点：

第一，一流的品质。像日本、德国汽车都是以高品质赢得了消费者。

第二，推出产品的速度。如丰田汽车8天之内要让顾客开上新车；麦当劳保证顾客的等待时间不超过10分钟。

第三，产品创新。英特尔、吉列刮胡刀、苹果计算机、索尼等企业都是靠不断创新来超越竞争者的。

第四，物超所值的服务。如万豪酒店提供快速退房服务；航空公司为商务舱旅客提供免费豪华轿车接送服务。

第四课

男：您好！三明电器维修部。

女：您好。我家的电视出了点儿毛病，您那里能上门维修吗？

男：可以。请问您怎么称呼？

女：我叫李华，木子李，中华的华。

男：李华，木子李，中华的华。好的，您的联系电话？

女：84957631。

男：84957631。您的住址？

女：南京西路15号。

男：南京西路15号。李小姐，您能说一下出现的故障吗？

女：好的，昨天下午开始图像有点儿不清楚，后来就完全没有图像了，只有声音。

男：哦，电视没有图像，只有声音。好的，我都记下来了。我们今天下午就会去您家，请您家里留人。

女：好的，谢谢！

第五课

第二届中国国际品牌服装服饰交易会于昨天上午开幕，来自中国内地、香港、台湾、澳门以及法国、意大利的400多家企业云集深圳，展示了数千款时尚华服。本届交易会历时四天，将于28日晚举行闭幕晚会。此次展览的规模和档次远远超过去年。展馆面积达3万多平方米，有1400多个展位，参展的400多家企业中，深圳以外的企业占40%以上。

第六课

女：上次和韩国考察团的合影洗出来了，你拿一张吧！

男：不用了，我没跟他们合影。

女：我怎么记得你也负责接待工作了呀？

男：我只是在一天下午陪同他们参观了一下厂房，后来的会议、互赠礼品什么
　　的我都没参加。

女：哦，是这样啊！

第八课

记　　者：杨经理，中华鸡作为著名的连锁企业，目前的规模如何？

杨经理：有20多家吧。

记　　者：是直营店还是加盟店？

杨经理：以加盟店为主，只有3家是直营店。

记　　者：如何对这些门店进行有效的管理呢？

杨经理：我们建立了配送中心，门店使用的鸡肉、蔬菜，全部产自基地。同时，我们
　　　　　也注重培养人才，把他们输送到加盟店中，参与决策。

记　　者：目前，你们有没有开新店的计划？

杨经理：我们计划在北京开设一家不同于以往的门店，开设在写字楼周边这类
　　　　　黄金地段，定位于年轻时尚的中高端群体。这是一次全新的尝试。

第九课

　　谈判的准备主要包括四件事：一是市场调查，二是情报收集，三是资料整
理，四是人员安排。

　　市场调查就是通过问卷、走访、座谈等形式，获得相关数据，为商务谈判
提供决策依据。

　　情报收集是一种战术。在商场上，必须尽量扩大情报收集的范围，也要注
意对自身情报的保密。

　　资料整理的工作有些繁乱复杂，需要养成一种良好的习惯，以便随时可以
查找。

　　人员安排就是成立相应的谈判小组。凡是参与商务谈判的人员，均应具备
基本素质，而其中个别人，更是必须具有特殊素质。

第十课

1. 中国某企业与德国一家公司洽谈出口事宜。按礼节，中方提前五分钟到达会议室。客人到后，中方人员全体起立，鼓掌欢迎。没想到，德方脸上反而露出不快，谈判在半个小时后就结束了。事后了解到，德方提前离开是因为中方谈判人员的穿着。中方人员除了经理和翻译穿西装外，其他人有穿夹克的，有穿牛仔服的，有一位工程师甚至穿着工作服。在德国人眼里，商务谈判是正式和重大的活动，中国人穿着随便说明不尊重他们或者不重视这次活动。

2. 一个英国商人在伊朗事事顺利，在兴高采烈地签完一项合同后，英国人对着他的伊朗同事竖起了大拇指。没想到，房间里的空气一下子变得紧张起来，一位伊朗官员离开了房间。原来，在英国，竖起大拇指是赞成的标志，它的意思是"很好"；然而在伊朗，它是否定的意思，表示不满，是一种无礼的动作。

参考答案

第一课

一、听力练习

  1. C

  2.(1) A   (2) C

第二课

一、听力练习

  1. B   2. A   3. C

二、词语练习

  1. B   2. C   3. A   4. D   5. B   6. D

三、阅读练习

  B

第三课

一、听力练习

  1. 品质   2. 速度   3. 创新   4. 服务

二、词语练习

  1. B   2. C   3. A   4. B   5. A

三、阅读练习

  1. B   2. C   3. D   4. C   5. A

第四课

一、听力练习

1. 李华　　　2. 84957631　　3. 图像

二、词语练习

1. C　　　　2. A　　　　3. D　　　　4. A　　　　5. B

第五课

一、听力练习

1. A　　　　2. B　　　　3. C

二、词语练习

1. A　　　　2. C　　　　3. D　　　　4. C　　　　5. D　　　　6. A

三、阅读练习

1. B　　　　2. D　　　　3. A　　　　4. C　　　　5. A

第六课

一、听力练习

　　B

二、阅读练习

1. C　　　　2. B　　　　3. A　　　　4. D

第七课

一、词语练习

1. A　　　　2. B　　　　3. D　　　　4. B　　　　5. A　　　　6. D

第八课

一、听力练习

　　1. B　　　　2. D　　　　3. C

二、词语练习

　　1. C　　　　2. D　　　　3. C　　　　4. C　　　　5. B　　　　6. A

四、阅读练习

　　1. B　　　　2. D　　　　3. C　　　　4. A　　　　5. C

第九课

一、听力练习

　　1. 调查　　　2. 收集　　　3. 整理　　　4. 安排

二、词语练习

　　1. B　　　　2. C　　　　3. C　　　　4. A　　　　5. A　　　　6. C

三．阅读练习

　　1. B　　　　2. D　　　　3. A　　　　4. C　　　　5. B

第十课

一、听力练习

　　1. C　　　　2. B

二、词语练习

　　1. C　　　　2. B　　　　3. B　　　　4. D　　　　5. A

三、阅读练习

　　1. D　　　　2. C　　　　3. A

商务词语总表

		A		
安装	ānzhuāng	动	install	4-3

		B		
包装	bāozhuāng	名、动	package, pack	2-1
保养	bǎoyǎng	动	maintain	4-3
保质期	bǎozhìqī	名	quality guarantee period	2-1
标准展位	biāozhǔn zhǎnwèi		standard booth	5-1

		C		
产地	chǎndì	名	place of production	2-1
产品目录	chǎnpǐn mùlù		product catalog	
厂房	chǎngfáng	名	factory building	6-2
厂家	chǎngjiā	名	manufacturer	4-1
车皮	chēpí	名	railway wagon	8-2
成本	chéngběn	名	cost	8-1
成交	chéng jiāo		clinch a deal	5-3
出售	chūshòu	动	sell	3-1
促销	cùxiāo	动	promote, promotion	3-1

		D		
淡季	dànjì	名	off season	3-2
订单	dìngdān	名	order form	7-1

		F		
翻番	fān fān		be doubled	3-2
防伪标志	fángwěi biāozhì		anti-fake label	8-1

房产租赁	fángchǎn zūlìn		housing rent	8-3
费用	fèiyòng	名	cost, expenses	6-1
封口	fēngkǒu	名	sealing part	2-1
幅度	fúdù	名	range	1-3

G

工厂	gōngchǎng	名	factory	6-2
购买力	gòumǎilì	名	purchasing power	3-2
故障	gùzhàng	名	machine fault	4-1
管理层	guǎnlǐcéng	名	managerial personnel	6-2
光地	guāngdì	名	bare stand	5-1
广交会	Guǎngjiāohuì	专名	Canton Fair	5-3
滚筒式	gǔntǒngshì	形	roller-type	4-1

H

合伙人	héhuǒrén	名	partner	8-3
合作伙伴	hézuò huǒbàn		partner	5-1
回落	huíluò	动	fall after rise	1-3
货币基金组织	huòbì jījīn zǔzhī		Monetary Fund	6-1
货物	huòwù	名	cargo	7-3
货运公司	huòyùn gōngsī		transport company	8-2

J

计划书	jìhuàshū	名	business proposal	5-2
技术	jìshù	名	technology	6-2
加盟	jiā méng		become a franchisee	8-3
价格指数	jiàgé zhǐshù		price index	1-3
价目表	jiàmùbiǎo	名	price list	7-1
价位	jiàwèi	名	price level	3-1
降价	jiàng jià		reduce price	2-2
交易会	jiāoyìhuì	名	trade fair	5-1
节能	jiénéng	动	energy conservation	2-2

金融	jīnróng	名	financial, finance	6-1
经销	jīngxiāo	动	sell on commission	7-2
经营者	jīngyíngzhě	名	operator	8-3
净重	jìngzhòng	名	net weight	2-1

		K		
开发区	kāifāqū	名	development zone	6-3
看样成交	kànyàng chéngjiāo		look at a sample then clinch a deal	5-3
客商	kèshāng	名	merchant	5-3
库存	kùcún	名	inventory	3-2
跨国公司	kuàguó gōngsī		transnational corporation	6-3
款式	kuǎnshì	名	style	2-3

		L		
老板	lǎobǎn	名	boss	8-1
冷藏车	lěngcángchē	名	refrigerated vehicle	8-2
零担托运	língdàn tuōyùn		sporadic freight transportation	8-2

		M		
买方	mǎifāng	名	buyer	9-2
卖方	màifāng	名	seller	4-3

		P		
配件	pèijiàn	名	accessories	4-1
品名	pǐnmíng	名	product name	2-1

		Q		
旗下	qíxià	名	be owned by a company	3-3
全体会	quántǐhuì	名	plenary meeting	6-2

		R		
软件	ruǎnjiàn	名	software	6-3

S				
商情	shāngqíng	名	market conditions	5-3
商务拜访	shāngwù bàifǎng		business visit	6-1
商务访问	shāngwù fǎngwèn		business visiting	10-3
商务考察	shāngwù kǎochá		business tour	6-1
商业信用	shāngyè xìnyòng		commercial credit	7-2
上扬	shàngyáng	动	rise	1-3
生产日期	shēngchǎn rìqī		production date	2-1
生产设备	shēngchǎn shèbèi		production facility	7-3
生意场	shēngyìchǎng	名	business market	9-3
市场份额	shìchǎng fèn'é		market share	3-3
试销期	shìxiāoqī	名	trial period	7-2
试用	shìyòng	动	on trial	2-3
收费标准	shōufèi biāozhǔn		fee standards	1-1
售后	shòuhòu		after-sales	4-1
售后服务	shòuhòu fúwù		after-sales service	4-2
送货上门	sòng huò shàng mén		home delivery service	4-3
随机调查	suíjī diàochá		random survey	1-1

T				
谈判	tánpàn	动、名	negotiation, negotiate	9-1
谈判桌	tánpànzhuō	名	conference table	10-1
特级	tèjí	形	superfine	2-1
提价	tí jià		raise the price	7-1
停产	tíngchǎn	动	stop production	4-2
同类产品	tónglèi chǎnpǐn		congeneric product	9-2
同期	tóngqī	名	the corresponding period	3-2
投诉	tóusù	动	complain, complaint	4-1
投资环境	tóuzī huánjìng		investment environment	6-3
团队意识	tuánduì yìshi		team awareness	6-2
退货	tuì huò		return（goods）	7-2

W				
外贸	wàimào	名	foreign trade	5-1
外资企业	wàizī qǐyè		overseas-funded enterprise	6-3
旺季	wàngjì	名	busy season	3-2
维修	wéixiū	动	maintain and repair	4-1
物流	wùliú	名	logistics	8-2
X				
系列食品	xìliè shípǐn		series food	8-1
下滑	xiàhuá	动	decline	1-3
项目	xiàngmù	名	item	6-1
消费者	xiāofèizhě	名	consumer	3-1
消费者协会	xiāofèizhě xiéhuì		consumers' association	4-1
销售量	xiāoshòuliàng	名	sales volume	3-2
销售人员	xiāoshòu rényuán		sales personnel	2-3
小包装	xiǎo bāozhuāng		a pouch pack	8-1
协议	xiéyì	名	treaty	9-3
新款	xīnkuǎn	名	new style	2-2
型号	xínghào	名	model	4-2
Y				
液晶显示器	yèjīng xiǎnshìqì		liquid crystal display (LCD)	1-3
仪器设备	yíqì shèbèi		apparatus	6-2
营运	yíngyùn	动	operate	8-3
硬件设施	yìngjiàn shèshī		hardware facilities	6-2
优惠券	yōuhuìquàn	名	discount coupon	3-3
预案	yù'àn	名	plan	3-1
预算	yùsuàn	名	budget	5-2
原材料	yuáncáiliào	名	raw material	2-2
运输	yùnshū	动	transportation	8-2

		Z		
涨价	zhǎng jià		rise in price	2-2
招商会	zhāoshānghuì	名	investment fair	5-2
整车托运	zhěngchē tuōyùn		transportation of truckload	8-2
证券交易所	zhèngquàn jiāoyìsuǒ		stock exchange	6-1
支付	zhīfù	动	pay money	8-3
知名品牌	zhīmíng pǐnpái		well-known brand	3-1
纸质包装	zhǐzhì bāozhuāng		paper packing	8-1
制衣厂	zhìyīchǎng	名	clothing factory	7-3
质量等级	zhìliàng děngjí		quality grade	2-1
转让	zhuǎnràng	动	transfer the possession of	8-3
座谈	zuòtán	动	have an informal discussion	6-1

一般词语总表

		B	
拜访	bàifǎng	pay a visit	4-3
保证	bǎozhèng	ensure	10-3
比较	bǐjiào	compare	2-3
必需品	bìxūpǐn	necessity	3-2

		C	
层次	céngcì	administrative levels	5-3
查询	cháxún	inquire	7-2
查找	cházhǎo	seek	1-1
成熟	chéngshú	mature	8-3
承担	chéngdān	undertake	7-2
城镇	chéngzhèn	cities and towns	1-2
初来乍到	chū lái zhà dào	ke new in a place	10-3
触摸	chūmō	touch	2-3
创办	chuàngbàn	establish	5-3
赐	cì	grant	7-2
从众心理	cóngzhòng xīnlǐ	herd mentality	2-3
错过	cuòguò	miss (an opportunity)	7-3

		D	
搭配	dāpèi	assort or arrange in pairs or groups	3-1
达成	dáchéng	reach (agreement)	9-2
打交道	dǎ jiāodao	make contact with	10-3
单独	dāndú	on one's own	8-3
动之以情	dòng zhī yǐ qíng	touch one's hearts with love	9-2

独立	dúlì	independent	8-1
独特	dútè	unique	3-3
吨	dūn	ton	8-2

		F	
反映	fǎnyìng	reflect	4-1
分歧	fēnqí	divergence	10-1
分散	fēnsàn	scattered	3-2
赴	fù	go to a place	6-1

		G	
敢	gǎn	dare	4-1
告一段落	gào yī duànluò	to an end, endless	10-3
更名	gēngmíng	rename	5-3
更新	gēngxīn	update	6-2
共同	gòngtóng	together	8-3
购物	gòu wù	go shopping	1-1
鼓励	gǔlì	encourage	3-3
固定	gùdìng	fixed	6-1
瓜分	guāfēn	carve up	3-3
归途	guītú	one's way home	10-3
规模	guīmó	scale	5-3
过硬	guòyìng	have a perfect mastery of sth.	6-2

		H	
好感	hǎogǎn	favorable impression	4-3
合算	hésuàn	economical	8-2
合作	hézuò	cooperate	1-1
环保	huánbǎo	environmental protection	8-1
环节	huánjié	link	5-2
缓和	huǎnhé	relax	10-1

J			
基础	jīchǔ	foundation	9-1
建立	jiànlì	establish	10-1
建议	jiànyì	suggest	7-1
角度	jiǎodù	point of view	9-3
接近	jiējìn	be close	6-1
截至	jiézhì	by (a specified time), up to	1-2
届	jiè	session (of a conference)	5-3
经典	jīngdiǎn	classic	6-1
景气	jǐngqì	prosperous	3-3
竞赛	jìngsài	competition	3-1
竞争力	jìngzhēnglì	competitiveness	8-1
拒收	jùshōu	reject	7-3
距离	jùlí	be apart from	6-3

K			
空调	kōngtiáo	air conditioning	2-2
恐怕	kǒngpà	I'm afraid...	5-1
口碑	kǒubēi	reputation	4-3

L			
来函	láihán	a letter from sb.	7-2
乐意	lèyì	be willing	7-1
冷藏	lěngcáng	refrigerate	2-1
力求	lìqiú	strive to	10-1
利益	lìyì	interest	9-2
良性循环	liángxìng xúnhuán	virtuous circle	6-3
量身定做	liàng shēn dìng zuò	tailor made for sb.	6-1
灵活	línghuó	flexible	6-1
流露	liúlù	reveal, revelation	10-2

	M		
满足	mǎnzú	satisfy	7-1
漫长	màncháng	very long	10-3
美观	měiguān	good-looking	2-2
密封	mìfēng	seal	2-1
面积	miànji	area	6-3
敏感	mǐngǎn	sensitive	10-1
名胜	míngshèng	tourist attraction	3-1

	P		
批	pī	batch	8-2
评价	píngjià	evaluation	2-3
魄力	pòlì	courage, daring	6-2
普及	pǔjí	popularize	1-2

	Q		
签证	qiānzhèng	visa	6-1
前提	qiántí	premise	9-2
歉意	qiànyì	apology	7-3
钦佩	qīnpèi	admire	9-3
青睐	qīnglài	favour	3-3
清洗	qīngxǐ	clean	2-2
曲折	qūzhé	zigzag	1-3
取经	qǔ jīng	(go on a pilgrimage for Buddhist scriptures) seek for experience	5-1
去除	qùchú	remove	2-2
权益	quányì	rights and interests	10-2
劝	quàn	urge	10-2

	R		
认同	rèntóng	recognition	3-1
融洽	róngqià	harmonious	9-1

S			
山珍海味	shān zhēn hǎi wèi	delicacies of every kind	10-2
申请	shēnqǐng	application	5-1
盛会	shènghuì	grand gathering	5-3
识别	shíbié	recognize	8-1
实践	shíjiàn	practice	9-1
食宿	shísù	board and lodging	6-1
收悉	shōuxī	received	7-2
手续	shǒuxù	procedure	5-1
属于	shǔyú	belong to	8-1
硕士	shuòshì	master	1-1
随意	suíyì	at will	9-1
损失	sǔnshī	loss	7-3

T			
踏	tà	step on	10-3
提升	tíshēng	cnhancc	5-2
调整	tiáozhěng	adjust	3-1
统计	tǒngjì	statistics	1-2
头脑	tóunǎo	brains	6-2
推迟	tuīchí	put off, postpone	7-3
推荐	tuījiàn	recommend	2-3
推磨	tuī mò	make the mill go	10-3

W			
外观	wàiguān	appearance	2-2
完美	wánměi	perfect	5-2
往年	wǎngnián	in previous years	3-2
无关紧要	wúguān jǐnyào	be nothing serious	9-1

X			
下载	xiàzǎi	download	1-1

限制	xiànzhì	restrictions	8-3
晓之以理	xiǎo zhī yǐ lǐ	instruct sb. with sound reasons	9-2
效果	xiàoguǒ	effect	2-3
携带	xiédài	carry	8-1

Y

宴会	yànhuì	banquet	10-2
宴席	yànxí	（banquet）table	10-2
一路	yīlù	all the way	1-3
遗憾	yíhàn	regret	9-3
异味儿	yìwèir	peculiar smell	2-2
易腐	yìfǔ	perishable	8-2
意义	yìyì	significance	4-3
隐私	yǐnsī	privacy	10-2
营造	yíngzào	build	9-1
赢得	yíngdé	win	3-1
优胜者	yōushèngzhě	winner	3-1
优势	yōushì	superiority	6-2
由衷	yóuzhōng	from the bottom of one's heart	7-2
原谅	yuánliàng	forgive, pardon	7-3
愿意	yuànyì	be willing	4-2
云集	yúnjí	gather	5-3

Z

杂技	zájì	acrobatics	10-3
赞美	zànměi	praise	9-1
占用	zhànyòng	take (time), occupy	1-1
真诚	zhēnchéng	sincere	9-2
正题	zhèngtí	subject of a talk or essay	10-3
忠实	zhōngshí	faithful	4-3
种类	zhǒnglèi	type	2-3
贮藏	zhùcáng	storage, store	2-1

专门	zhuānmén	specially	4-2
装修	zhuāngxiū	renovate and decorate	3-2
自尊	zìzūn	self-esteem	10-1
左右逢源	zuǒ yòu féng yuán	be able to achieve success one way or another	10-1